KB021624

비혼선언과 제4의 성(性)

- 모성시원론 -

비혼선언과 제4의 성(性)

펴 낸 날   2023년 04월 18일

지 은 이   석산
펴 낸 이   이기성
편집팀장   이윤숙
기획편집   서해주, 윤가영, 이지희
표지디자인 서해주
책임마케팅 강보현, 김성욱
펴 낸 곳   도서출판 생각나눔
출판등록   제 2018-000288호
주   소   서울 잔다리로7안길 22, 태성빌딩 3층
전   화   02-325-5100
팩   스   02-325-5101
홈페이지   www.생각나눔.kr
이 메 일   bookmain@think-book.com

• 책값은 표지 뒷면에 표기되어 있습니다.
  ISBN   979-11-7048-548-3(03120)

비혼선언과 제4의 성(性)

- 모성시원론 -

석 산 지음

어머니가 행복하지 않은 사회가 행복할 수 있을까?

생각나눔

들어가며

만일 '어머니가 행복하지 않은 사회가 행복할 수 있을까?'라고 묻는다면 우리는 어떻게 대답해야 할까?

우리들의 할머니는 '화병'을 가슴에 달고 살았고, 우리의 어머니는 '황혼이혼'을 선택해서 혼자 사는 것이 더 행복할 수 있다고 하면 우리는 무슨 생각을 해야 하는 것일까?

그리고 그들의 손녀이면서 그녀들의 딸들은 손자·녀를 낳아드릴 수 없다고 주장한다면 그 할머니와 그 어머니는 무슨 재미로 여생을 보낼 수 있을까?

지난해인 2021년의 출산율이 0.81명으로 OECD 회원국 중 최저를 기록했고, 금년 3/4분기까지 출산율 집계가 0.79명으로 추정되고 있다면 금년 내년은 0.7명대를 싫어도 맞아야 할 수밖에 없을 것이다.

그렇다면 세 집에 한 집은 자손이 없을 수 있다는 것을 받아들여야 할 것이다. 그것이 '인구절벽'이라는 우리의 현실을 일깨우게 하는 지표가 될 수 있다면 우리는 무엇을 해야 할까?

그리고 그녀들이 비혼 선언식을 하고 축의금을 받는다면 그것은 인구절벽으로 가는 '격려금'으로 보아야 할 것인가? 자못 당황스러워질 수 있을 것이다.

화병, 황혼이혼, 인구절벽과 비혼 선언식은 모두 우리의 할머니였고, 어머니였으며, 현재 어머니들이고 또 미래의 어머니가 될 분들의 선택이라는 것을 기억한다면 우리 사회가 많이 아픈 것은 아닐까?

우리의 어머니들이 많은 불편을 호소하는 것을 모른 채 지난 것의 그림자일 수 있을 것이다.

어머니가 '불편'하면 아이들이 '불안'해질 수 있고, 그들의 사회는 '불행'해질 수도 있을 것이다. 지금이라도 우리 모두 어머니를 다시 보자!

이 글을 쓰는 데 『원초적 관성의 노예』와 『한국 가보지 않은 길에 들어서다』에서 일부 참조가 있었음을 알린다.

2022년 12월 **석 산**

차 례

제1장

있었던 것의 흔적

제2장

있어도 모르는 것

제1장

⋮

있었던 것의 흔적

어제가 남긴 것

우리가 내일이 없다면 무슨 의미로 살아갈 수 있을까? 오늘 못다 한 일이라든지 아니면 못다 한 약속도 내일 하면 될 수 있고, 그래서 오늘을 좀 여유롭게 하는 것이 내일일 수 있기 때문이다. 그러나 내일은 여유롭지도 않고 하루씩 줄어들어 가는 희망일 수도 있을 것이다. 그리고 정작 차곡차곡 쌓아가는 것은 어제일 수 있다.

결국, 내일은 소모품 같은 것일 수 있고, 내게 부여된 내일의 숫자가 한계가 있다면 결국 없어지고 말 꿈같은 것일 수 있을 것이다. 그러나 어제는 쌓이고 쌓여 가을날 거둠을 하는 농부의 곳간처럼 여유로울 수 있고, 열심히 일한 사람의 적금 통장처럼 늘어나는 희망일 수 있을 것이다. 오늘을 사는 우리들에게는 내일은 실현되지 않은 가상의 현실일 수 있고, 지나간 어제는 내가 실현한 거짓 없는 나의 행적으로 나를 볼 수 있는 거울일 수 있을 것으로 본다. 그렇다면 무엇이 중요하고 나를 사람답게 이끌어 줄 수 있을까?

어제가 오늘이 되고 또 내일로 이어지는 시간 속의 흐름은 내가 가고 싶어 가는 방향일 수도 있지만, 어제가 이미 정해놓은 방향으로 흘러가는 오늘일 수도 있고, 그것은 또 내일로 그냥 지나가는 바람 같은 것일 수는 없는 것일까? 우리의 일상이 어제가 오늘 같고 또 내일이 오늘 같다면 덧없이 지나가는 바람일 수 있다. 세상이 너무 빨리 지나가서 한참을 지난 후 뒤를 돌아보면 텅 빈 어제가 허무할 수 있고, 그래서 후회하는 일이 생겼을 수 있을 것이다.

우리가 사는 행적에 위치 추적기와 시간 기록기를 달아놓고 많은 시간이 지난 후 기록된 데이터를 정리해 보면 어떤 흔적으로 보일까? 일정한 패턴으로 움직이는 폐쇄회로에 갇혀서 매일을 반복하는 꼭두각시의 운동관성 같은 것으로 느껴지지는 않을까? 매일 같은 시간에 일어나 아침을 먹고 똑같은 코스로 출근하고, 그리고 늘 하던 일을 습관처럼 하고 집으로 돌아오는 행적의 흐름과 시간의 쌓임은 일정한 관성에 의해 움직이고 있는 인형 같은 것일 수는 없는 것일까? 의심할 수도 있을 것이다.

우리는 스스로 느끼지는 못하지만, 일정한 관성 속에 이미 살고 있는 것은 아닌지 한 번쯤 각성해 볼 필요는 없는 것일까? 우리가 살고 있는 삶의 바탕과 무대가 항상 관성 속에 살고 있는 것을 못 느끼고 있을 수 있다. 밤과 낮이 반복되는 지구관성 속에서 낮에는 움직이고 밤에는 쉬는 일정한 형식의 행동관성으로 매일을 채우고 있다면 그것이 일상이 되고 습관이 되어서 나도 모르게 반복되는 회전 그네같이 느껴질 수 있을 것으로 본다.

이렇게 관성의 영향이 습관처럼 굳어지고 그것이 영원히 지속될 수 있다면 삶이 너무 허무해질 수 있을 것이다. 그렇다면 어제가 남긴 것이 관성이 되어 영원히 지속되지 않도록 변화가 필요해질 것으로 본다. 어제의 결과가 오늘이기 때문에 어제를 반성해서 오늘의 삶에 약간의 변화를 준다면 관성적 반복이 차단되어 조금씩 다른 행적으로 쌓여 바람직한 어제로 계속 쌓일 수 있을 것이다.

우리가 살고 있는 일상의 습관들이 스스로는 모르고 있는 사이에 관성처럼 움직여서 끝없이 반복될 수 있다면 그것은 느껴지지 않을 뿐 관성의 범주로 보는 것이 합리적일 수 있다. 이렇게 있어도 없는 것처럼 우리의 생활 속에 관성의 영향이 오늘의 삶 속에 영향을 주고 있다면 그것은 일상의 습관이 되어 어제의 흔적 속에 새겨져서 오늘을 살게 하고 또 내일도 그렇게 살도록 영향을 줄 것으로 본다.

내일의 여유로움을 너무 즐기지 말고 어제의 흔적을 돌아볼 수 있는 여유를 오늘 가져보는 것은 어떨까 한다. 그것은 내일은 실현될 수도 있고 아닐 수도 있는 미실현의 영역이지만, 어제는 내가 땀 흘려 살아온 나의 본 모습이기 때문이다. 그리고 지금 어제를 살펴 오늘을 조금씩 변화시킬 수 있다면 그것은 어제가 쌓이듯이 오늘로 쌓여서 그것이 내일을 변화시킬 수 있을 것이기 때문이다. 진실한 내 것은 어제일 뿐이고, 그것이 나일 것이다.

❙ 사랑과 행복을 희망하다

관성이 삶을 통제할 수 있다면 결국 영원회귀가 가능하다는 것일 수 있다. 그래서 역사는 반복한다고 했는지 모른다. 그렇다면 삶은 무기력하고 역동성이 없는 따분한 것이 될 수도 있을 것이다. 그런데 삶은 활력 있고 무엇이든지 할 수 있는 가능성으로 똘똘 뭉쳐져 있는 것일 수는 없을까? 늘 똑같은 일상이 심심해서 새로운 도전을 할 수 있게 하는 것은 무엇일까? 그것은 아마도 '사랑'과 '행복'일 수 있을 것이다.

사람은 누구나 사랑하고 싶고, 그리고 사랑받고 싶은 욕망을 가지고 있다. 또 언제나 행복하기를 바라는 사랑과 행복 바라기일 수 있기 때문이다. 만일 똑같은 일상이 습관적으로 반복 된다면 아마 지겨워서 죽어버리고 싶었을 수 있을 것이다.

이렇게 습관이 반복되는 똑같은 일상에서도 끝없이 반복되는 밤과 낮의 영원한 관성을 벗어나게 하는 일탈이 사랑하고 싶은 욕망이고, 행복하고 싶은 희망이라면 사랑과 행복은 어디서 온 것이고 그것은 어떻게 생겨 먹은 것일까 궁금해질 수밖에 없다. 어제가 내 것이고 이미 있는 것이라면 사랑과 행복도 어디엔가 있는 것이기 때문에 열망할 수 있을 것이다. 그렇다면 어제가 이미 있었던 것처럼 사랑과 행복도 이미 있는 것은 아닐까 한다.

모든 사람이 어디에 있는 것인지 어떻게 생긴 것인지 알 수 없는 사랑과 행복을 바라기 하지는 않았을 것으로 본다. 모든 사람에게 있고 누구에게나 있는 사랑과 행복은 내가 있는 것처럼 처음 있을 때부터 함께 있었던 것은 아닐까 살펴보게 된다.

우리는 어떤 현상을 보거나 어떤 이를 만났을 때 처음 보는 현상이나 어떤 사람으로부터 느끼는 첫인상은, 매우 짙고 강렬하게 다가와서 잊어버리지 않는 기억으로 잘 갈무리 되는 경우를 자주 느꼈을 수 있다. 이것이 첫인상으로 처음 보는 것이어서 새롭기도 하고 경험해 보지 못한 것으로 기억되면 오래도록 추억될 수 있고, 필요할 때 늘 기억될 수 있는 바탕의식 같은 것이 될 수도 있을 것이다.

이렇게 사랑과 행복도 강렬한 첫인상 같은 것으로 모두에게 각인된 느낌으로 우리 모두에게 존재하는 것일 수 있다. 그렇다면 그것은 모두에게 '초의식'으로 설정되어 누구에게나 바탕으로 존재할 수 있게 '초기화'된 것은 아닐까 생각된다.

우리는 부모님의 영향이 우리에게 어떻게 작용했는지 잘 알 수는 없지만, 부모님들의 습관이나 가치관 그리고 유전병까지도 복제되듯 가지고 있는 것을 자주 볼 수 있을 것이다. 내가 나를 볼 수 없어 나는 잘 알 수 없는 영역일 수도 있으나 다른 사람들의 습관이나 행동 그리고 말씨나 표현 등은 그들의 형제자매나 부모님 또는 조부모님을 가까이서 볼 수 있는 기회가 있다면 많은 부분에서 서로의 영향을 받았고 주었다고 느끼는 부분이 상당히 있을 것이다.

이렇게 삶의 중요한 에너지원일 수 있는 사랑과 행복은 우리가 태어날 때부터 가지고 있는 바탕의식으로 초기화되어 '환경'으로 설정되었을 수 있을 것으로 본다. 그렇지 않다면 모든 사람에게 누구나 꼭 같이 희망하고 열광하는 삶의 욕구로 그들의 삶 속에 새겨지지 않았을 것으로 보기 때문도 있다. 이러한 바람이나 느낌 같은 감성은 첫인상의 강력함이 오래 기억되는 느낌과 같이, 부모님으로부터 물려받았거나 조상들의 유전적 '흔적'성 느낌으로 우리에게 복제되어 지속되는 것이어야 설명이 가능할 수 있을 것으로 생각된다.

이렇게 '초의식'으로 모두에게 설정되면 그것은 그들의 삶에 그리고 그들의 가치관과 정체성에 비교치의 기준이 될 수 있고, 그것이 일생을 살아가는 과정에서 모두를 보는 거울처럼 언제나 비춰보는 가늠자의 역할을 할 수 있다고 본다. 이렇게 사랑과 행복이 나를 계량할 수 있는 표척과 거울 같은 것으로 표본화될 수 있다면 그것은 모두에게 공통으로 새겨져 출생과 함께하는 감각이나 인식으로 새겨지는 어떤 기제(mechanism)가 있는 것일 것이다.

▎ 선행환경과 취업

사랑과 행복은 누구나 실현할 수 있고 또 실현하고 싶은 것이지만, 그것이 처음부터 불가능할 수 있다면 그것은 너무도 가혹한 시련 같은 것일 수도 있을 것이다. 그것은 성장하고 성인이 되어 자립하려면 그것을 감당할 수 있는 경제적 자립이 선행되어야 가능할 것이기 때문이다.

만일 학교를 마치고 성인으로 자립하고 싶은데 취업이 되지 않는다면 또는 경제적 자립이 가능한 어떤 일을 할 수 없다면 그것이 불가능하기 때문이다. 물론 그들이 얻고자 하는 일자리와 경제적 여건의 수준은 각각 다를 수 있을 것이나 그늘이 희망하는 기준에 턱없이 맞지 않는다면 그것은 그들의 희망수준이 높은 것일까? 아니면 그들을 품은 사회의 구조적 모순 또는 가치관의 불합치에서 오는 현상으로 봐야 할까?

현재를 사는 우리 사회 젊은이들의 취업환경이 너무도 불합리하거나 무엇이 잘못되어 보이는 것 때문에, 많은 이들이 일하고 싶어도 일할 수 없는 취업의 혼란에 빠져있는 것으로 보이는 것은 아닌가?

우리는 1960년대부터 산업화를 위해 서구 선진국들을 따라 하기 시작했고, 결과적으로 서구 선진국의 산업현상을 보고 배워서 그들과 비슷한 수준으로 산업을 발전시켰다. 그리고 그 산업에 필요한 인력도 그들이 했던 것처럼 고등교육을 통해 배출하고, 산업현장에 공급하고 있는 시스템까지도 그들의 방법을 따라 배워서 그대로 하고 있었는데, 그들이 겪고 있는 것보다 훨씬 심각한 취업의 부작용을 겪고 있는 것으로 보이는 것은 무슨 이유에서일까?

그것은 우리 가치관의 왜곡에서 오는 부작용일까? 아니면 무슨 구조적 문제가 있는 것일까? 우리의 부모들은 자녀교육에 목을 매고, 모든 것을 쏟아 교육만큼은 부럽지 않게 시키고 싶어 했든 열망이, 결국 취업전쟁이라는 혹독한 결과물을 만들어 낸 것은 아닌지 살펴진다. 2차 산업 중심의 선진국 산업구조는 그들의 산업 환경에 맞는 인력을 교육하고 공급하는 선순환의 기능을 하고 있는 것으로 본다면 우리의 산업은 그들을 따라 했고, 교육도 따라 했기 때문에 선진국에서 취업문제가 심각하지 않다면 우리의 구조적 문제이거나 사회적 가치의 다름에서 오는 현상으로 살펴봐야 할 것으로 보인다.

과거 십여 년간 선진국들 통상 OECD 회원국의 대학진학률을 보면 40% 전후로 발표되고 있는데, 우리의 실태를 보면 평균 70%를 넘어서고 있는 것으로 언론의 보도나 교육부 통계로 보이는 현실이, 서구 선진국들과는 다른 현상으로 살펴지는 것을 되새겨 보면 문제가 보일 수 있을 것이다. 이렇게 선진국보다 1/3 이상 많은 고급인력을 배출한 기간이 20년을 넘어서고 있다면 그들이 과연 그들 교육수준에 맞는 일자리가 공급될 수 있을까 하는 의문에서이다.

현재 젊은이들의 부모 세대인 베이비붐 세대 이후 연령별 인구구조가 가장 높은 세대가 1955년에서 1974년 출생한 세대로, 그들의 평균 대학진학률을 30%대 초반으로 본다면 그들은 산업구조에 비해서 고급인력이 부족한 세대로 볼 수 있을 것이다. 그래서 그들은 열심히만 하면 바라는바 모든 것을 할 수 있는 여건이 되었으나 그들 자녀세대인 젊은이들은 아무리 열심히 해도 안 될 수밖에 없는 구조를 우리 사회가 품고 있고, 그렇게 또 만들어가고 있는 것은 아닌가 싶다.

이러한 교육환경과 사회가치의 실현 및 산업구조의 형성은 누가 한 것이고, 그러한 환경과 가치 그리고 구조 속에서 일자리가 없어 허덕이는 젊은이들은 누구 때문에 힘들어하고 아파해야 하는 것일까? 이미 만들어진 어제의 산업구조와 사회가치 그리고 생활환경이 오늘의 영향으로 남겨진 것을 누구를 탓할 수 있을 것인가? 그들이 만들어 놓은 어제가 오늘을 있게 했다는 결과를 받아들이고, 모두가 새롭게 시작할 수 있는 새로운 가치구조를 만들어가야 할 것으로 본다.

젊은이들이 사랑과 행복이 불가능하다면 무슨 의미로 살아갈 수 있을까? 그것을 누가 보듬고 함께 하면서 다독이고 가슴 아파해야 할까?

▎산책로 환경

우리가 선진국 따라 하기를 열심히 했던 1990년대 중반에 일 인당 국민총생산 규모가 일만 달러를 통과하여 삶에 일부 여유가 생기기 시작했다고 할 수 있다. 물론 60년대에 시작한 산업화의 희망은 한 세대를 통과하면서 그동안 고생한 보람을 느끼게 해주었으며, 또한 약간의 여유로 새로운 변화를 가능하게 했을 것이다. 그러나 그것도 내일에 대한 희망이었을 뿐 90년대 말 즈음에 외환위기를 맞으면서 IMF 구제금융시대로 모두의 꿈은 무너져 내리고 말았다.

87년 민주화와 88년 올림픽 개최 그리고 89년 한글전용이라는 문화적 혁명을 이루면서 새로운 도전을 가능하게 하는 자긍심이 공산권 종주국인 소련과 90년 국교정상화를 기점으로 91년 남북 유엔 동시가입, 92년 공산 중국과도 수교함으로 무한의 가능성으로 우리를 들뜨게 했을 수 있을 것이다.

결국, 그러한 자존심은 98년 외환위기 시련으로 모든 것을 무너져 내리게 했고, 그것은 모두의 절망으로 우리를 내몰고 있었던 것으로 보인다. 그러한 시련을 간신히 넘어서려는 2000년대 초반부터 이혼율이 높아지기 시작했고, 중반에는 자살률도 세계 최고 수준으로 상승하는 시련이 사회를 병들게 하고 모두의 가슴에 멍울져지면서 심각한 사회적 부작용과 마주했기 때문이다.

그러한 절망이 수년간 계속되면서 모든 것을 포기하고 삶도 내려놓고 '산티아고' 순례 길에 자신을 내던진 사람들의 고행은, 새로운 가능성을 가져올 수 있다는 희망이 되었을 수 있을 것이다. 그들은 죽을 것 같은 아픔을 참고 순례를 끝내면서 자신을 회복했고, 다시 도전할 수 있다는 가능성을 발견하고 새로운 희망을 얻었다고 한다.

어떤 심리학자가 산책이나 순례 같은 자기만의 시간을 '발로 하는 사색'이라고 설명하면서, 심리적 아픔을 치유하는 방법으로 걷기를 처방하는 사례가 있다고 하는 얘기를 들은 적이 있어서 숲길을 걷는 치유의 효과가 그 시대를 감싸고 보듬을 수 있는 좋은 방안이 된 것이 아닌가 한다.

그러한 연고에서 인지는 몰라도 2000년대 초반에 숲길과 같은 산책로 조성을 사회단체와 정부가 관심을 갖게 되었고, 산책로 조성에 관한 강연을 들을 수 있는 기회가 있었다. 공원조성과 휴양 레저 관련 학과 교수님께서 그러한 필요에 의해 선진사례를 연구하고 배워오려고 영국을 방문하고 얻은 지식을, 산림청 관련 기관에서 교양강의로 알게 해준 내용은 의외의 새로움을 이끌어주고 있었다. 영국 런던 주변 목초지와 산림지를 연결하는 공원형 산책로 조성과정의 주민반응 조사 결과에 대한 강의는, 동물이 느끼는 안전 대피 거리 개념을 생각할 수 있게 하는 좋은 기회였다.

처음에는 목초지에서 산림지를 연결하는 공원형 산책로에서 산림지

내부로 폭 2m 전후의 아늑한 산책로를 수 km 조성하고, 주민의 반응 조사를 했더니 바람직한 반응효과를 얻지 못했다고 한다. 그래서 숲길 형 산책로와 공원형 산책로의 중간형인 산책로 주변을 5~6m는 공원 형으로 잔디밭에 가끔씩 한두 그루의 나무를 두고, 그 뒤쪽 3m 정도 는 작은 꽃나무를 일정 간격으로 심어서 뒷면이 보일 수 있게 하고, 그 다음은 본래 산림지 형태로 산책로를 조성했다고 한다. 그리고 다시 주민 반응조사를 했더니 만족한다는 조사결과를 얻었다는 것이다.

공원형 산책로는 너무 열려서 아늑함이 없어 싫고, 산림지 숲길은 주변 위험도를 감지할 수 없어 여성들이 불안하다고 했다는 것이다. 그 렇다면 왜 5~6m는 열려있고 그다음 3m 정도는 반 정도 열려있는 산 책로가 호감을 얻었을까를 연구하고 분석한 결과는 의외였다는 것이 다. 그것은 6m 이상 8m의 범위가 열려있어야 하는 이유가 야생동물 인 피포식자가 위급 시 대피할 수 있는 '안전거리'라는 것이다.

그렇다면 사람도 피포식자일 때 맹수에서 대피할 수 있는 안전거리 가 있었다는 것일 것이고, 그것이 위험 발생 시 우선 대피할 수 있는 안전거리라고 하면 사람의 원시 육감이 아직도 남아있는 것으로 보아 야 하는 것일 수 있어서 많은 것을 생각하게 해서이다.

여성의 모성 기피

얼마 전 경제협력 개발기구(OECD)에서 회원국의 평균출산율 조사결과를 발표했다고 한다. 2021년 OECD 평균출산율은 1.59명이고, 한국은 0.81명으로 전체 회원국 중 출산율 1.0 미만인 국가가 한국뿐이라는 것이고, 6년 연속 최고 기록을 매년 경신하고 있다고 한다. 이런 내용의 발표를 보고 서구의 어떤 통신사가 "한국의 여성들이 파업했다"고 보도한 내용은 많은 것을 살펴보게 한다.

서구 선진국들도 여성들의 고등교육 수준이 높아지면서 일반적으로 출산율이 저하하는 추세는 보편화되어 있는 것으로 알려지고, 소득이 올라가면서 조금씩 회복하는 추세가 일반적이라고 한다. 여성들의 교육과 출산율을 분석한 사례는 의무교육을 받지 못한 경우 출산율 6.0명 전후에서, 초등교육을 받은 경우 4.0명 전후로, 그리고 중등교육 이상을 받았을 경우 2.0명 전후를 유지하는 섯이 보편적 추세라고 하는데, 우리의 경우는 좀 지나치다고 볼 수 있어서 어떤 사회적 문제가 있는 것은 아닌지 우려될 수 있다.

[표 1] 한국 출산율과 소득변화 추이

구 분	1960년	1985년	2020년	비 고
출 산 율 (명)	6.16	1.66	0.84	
소 득 (달러)	158	2,482	31,489	

2021년 출산율을 보면 OECD 평균의 1/2 수준이라는 것과 OECD 평균과 비슷한 출산율을 보인 1985년도에서 2020년 사이에 소득이 약 13배 향상되었다면 출산율의 변화가 있어야 하는 것으로 보는데 무슨 일이 있는 것일까? 우리 사회가 가지고 있는 가치관의 변화와 의사결정권자의 사회정책 결정에 어떤 오류가 있었던 것은 아닐까? 살펴보게 된다.

지난 1960년대부터 2020년까지 60년 동안 우리 사회에는 어떤 변화가 있었을까? 60년간 소득은 약 200배 증가하였는데 출산율은 1/7~1/8수준으로 감소한 것은, 소득의 증가가 출산율 증가에 전연 도움을 주지 못했다고 볼 수 있기 때문이다. 그렇다면 '가족은 줄어서 없어져 가는데 돈만 벌어서 무엇을 할 것인가?' 하는 의문이 생길 수도 있고, '왜 그토록 돈은 벌고 싶은데 가족이 늘어나는 것을 주저하고 있을까?'에는 어떤 구조적 문제가 있을 것으로 보인다.

그것은 가족을 줄여 돈을 추구한 가치 변화의 한가운데 여성, 특히 젊은 여성들이 작용했을 수 있을 것으로 본다. 그것은 돈의 가치에 여성들을 동원하여 최소한 30년 이상을 핵가족은 좋은 것이고, 대가족은 나쁜 것으로 인식하는 사회정책들이 점점 독신은 좋을 것으로, 결혼은 불필요한 것으로 된 것이 아닐까? 우려하게 되는 것이다. 그것은 70~80년대 두 자녀 이상은 건강보험 가입에 불이익을 주고, 학자금 지급에도 차별을 두는 사회정책이 모성실현을 위축시켰던 것은 아닌가 싶어서이다.

정부가 정책적으로 또는 강제적으로 출산율을 줄이려고 한때는 "둘도 많다 하나만 낳아 잘 기르자."라는 홍보성 표어를 장려한 적이 있음을 기억하기 때문이다. 60년대부터 시작된 가족을 줄여 잘살아 보기를 시도한 사회가치 변화가, 90년대를 살아가는 젊은 여성들에게는 부모들을 보고 자연스럽게 배운 삶의 교훈 같은 것이 되었을 수도 있을 것이다.

이렇게 정책적, 행정적, 반강제적인 가족 줄이기 '국민운동'이 문화가 되어, 우리 사회의 가치구조를 가족보다 돈이 중요한 것으로 은연중에 스며들어버린 것은 아닌가 싶다. 그리고 현재 젊은 여성들의 어머니와 할머니들이 겪고 있는 '화병'이라는 한국 여성만의 병증과 IMF 이후 늘어나고 있는 '황혼이혼'을 보면서, 늙어서 병들어 사는 것과 나이들어 홀로 사는 황혼이혼을 택하지 않고, 혼자서 행복할 수 있는 길을 찾은 것은 아닌가 싶다.

지난 반세기의 흐름이 모성을 퇴화시켜서 '쓰임이 없으면 없어질 수 있다'는 용불용설을 실현한 것이 아닌가 우려되기도 한다. 결국 여성들이 파업한 것이 아니고, 가족을 줄여 돈을 추구한 우리 사회가치에 여성들을 동원하면서 모성의 발현을 억제하므로 자연스럽게 모성을 '기피'하는 과정으로 진입한 것으로 볼 수 있다.

이렇게 모성이 기피되면 '용불용설'처럼 모성은 퇴화도 할 수 있을 것이다. 이러한 모성 발현의 억제와 모성 기피가 모성을 퇴화하도록 유도하는 과정에서 우리 사회의 아픔인 자살률 증가와 '인구절벽'을 유도한 것은 아닐까?

▎그것을 가능하게 해야

사랑의 성(性)인 '모성'이 어떤 원인에 의해 위축되거나 필요에 의해 기피되면 생명의 성(性)인 '여성'이 강화될 수밖에 없는 구조로 흘러갈 수밖에 없어질 것이다. 생명의 성은 '이기적'이고, 스스로 무엇을 성취해서 자신만의 삶의 가치를 찾으려고 지속적으로 지원하고 응원하고 격려될 수 있기 때문이다.

그것은 생명체가 살아있는 존재의 타당성이기도 하지만 존재가치의 정당성을 실현하려는 일반적 욕구로 볼 수 있기 때문이다. 이러한 문화가 사회에 아무런 저항 없이 받아들여지면 어떤 획기적 계기가 없는 이상 계속될 수밖에 없을 것으로 본다. 여성이 가지고 있는 '사랑의 성(性)'인 모성이 발현되려면 출산과 육아라는 과정이 인류애의 근원인

사랑의 실현으로 보아야 하는데, 가족이 늘어나는 것을 피하려고 하고 재산의 축적을 삶의 가치로 보려는 사회적 흐름에 저항하려는 시도가 보통의 용기로는 불가능할 수 있기 때문이다.

물론 사회적 흐름을 돌파하는 용기를 발현했다고 해도 출산과 육아 그리고 성장과정의 교육과 취업 등, 생활 안정까지를 염두에 둔다면 쉽게 도전할 수 있는 영역은 아닐 수도 있을 것이다. 물론 그러한 우려와 걱정을 모두 접어버린다고 해도 출산과 육아는 전념해야 가능할 수 있는, 삶에서 가장 중요한 일이기도 하지만, 한 사람이 능력으로는 할 수 있는 일에 한계가 있음을 살펴야 할 것으로 본다. 현재 우리 사회처럼 많은 경우 맞벌이를 해야 살아갈 수 있는 구조라면 능력의 한계도 있지만, 누군가 도와주지 않으면 불가능한 일로 보아야 하기 때문이다.

그렇다면 현대 여성들이 맞아야 하는 '일인이역(一人二役)'의 고달픔을 스스로 감당하려 할까 하는 전재가 우선 고려되어야 할 것으로 본다. 일인이역의 그 한 부분을 과연 누가 지원하고 감당해야 할까? 사람의 능력은 한계가 있음은 잘 알고 있는 실정에서 대가족제도가 붕괴되어, 핵가족화한 지도 이미 한 세대 이상 지나버린 현실에서 그것을 자기 일처럼 도와줄 수 있는 사람의 배려와 노고가 기대될 수밖에 없는 것이다.

누가 그것을 가능하게 할 수 있을까? 우리 조상들의 옛 시말에 "아버님 날 낳으시고"라는 구절이 있는데, 그것을 흔쾌히 감당해 줄 수 있는 사람은 세상의 지속을 책임질 수 있는 남성들의 역할로 볼 수 있을 것이다. 만일 그것이 불가능하다면 남성들이 아버지의 역할을 사양해야 될 것으로 생각된다. 물론 그러한 결과가 오늘의 인구절벽을 오게 했을 수도 있을 것이다.

현재 우리 사회는 상당 부분 남녀차별이 허용되는 것으로 보일 수 있어, 남자들이 그러한 역할을 제대로 할 수 있다고 믿는 사람이 얼마나 될까? 스스로에게 물어봐야 할 것 같다. 물론 남자들이 출산을 도와줄 수는 없을 것이다. 그것은 대신할 수 없는 여성들의 숭고한 영역이기 때문에 최대한 배려하는 수준에서 만족할 수밖에 없을 것이다. 그러나 육아는 협조가 가능할 수 있는 영역일 수 있다. 그리고 많은 경우 이미 그렇게 실천하고 있을 것으로 볼 수도 있다.

그런데 OECD 평균출산율의 1/2 수준에서도 지속해서 감소할 수 있는 추세라면 사회와 국가의 지속을 위해서 특별한 가치 변화에 관한 사회적 합의가 있어야 할 것으로 본다. 우리 사회의 가치가 남녀차별을 용인하는 흐름으로 간다면 출산율 해소는 불가능할 것이고, 그러한 구조적 문제를 국가나 사회가 모른 척 방조하고 있다면 그것은 여성들이 '파업'을 한 것도, 모성을 '기피'한 것도 아니고, 국가나 사회가 이미 병들어 가고 있는 것일 수도 있다.

만일 우리 국가나 사회가 잘못되어가고 있다면 경제력 10위권의 발전을 자랑할 일도 아니고, 'BTS'나 「기생충」이라는 문화적 역량도 허울일 수 있을 것이다. 일본이 잃어버린 30년 속을 헤매고 있다면 우리는 지속이 '차단'되고 사회가 '소멸'로 갈 수 있는 위험 범위에 접어들었을 수 있다.

그 원인이 무엇인지를 찾아내고 섬세하게 살펴서 각자 자신들이 무엇을 잘못한 것이고, 지속을 가능하게 하기 위해 무엇을 해야 할 것인가를 심각하게 고려해 보아야 할 것으로 보인다. 과연 그것이 무엇이고 가능할까?

▍약자의 애환

지난 수십 년간의 우리 사회 가치가 가족을 줄여서라도 나는 잘살아 보겠다는 '이기적' 사회로 바뀌어가고 있는 것은 아닐까? 우리는 그 사회 속에 살고 있어서 그것이 느껴지지 않고 보이지 않을 수 있을 것이다. 그것은 우리가 밤과 낮의 지구관성 속에 살고 있으면서도, 관성적 습관에 의해 오늘을 살고 있는 것을 깨닫지 못하고 그냥 일상으로 생각하는 것과 같은 현상으로 볼 수도 있다.

그것은 숲을 보려고 숲속에 가면 숲은 보이지 않고 나무만 보이는 것과 같을 수 있을 것이다. 가족과 함께 잘살아 보려는 '사랑의 성(性)'이 위축되어 버리고 나만 잘살아 보려는 '생명의 성(性)'이 강화되어 버리면 자연스럽게 '본능'적 행동이 우월해 보일 수도 있고, '도덕'적 행동은 약자의 자기변명 같은 메아리로 남겨질 수 있을 것이다. 인류가 사회를 형성한 것은 함께 사는 것이 혼자 사는 것보다 좋은 점이 많기 때문에 선택한 모두의 합의로 생각할 수 있을 것이다.

그런데 강한 자는 더욱 살기 좋아지고 약한 자는 더욱 살기가 어려워진다면 사회라는 구조적 가치는 불필요해질 수도 있을 것이다. 그것은 결국 사회의 위축과 소멸로 갈 수도 있는 위험스러운 현상일 수 있을 것이다. 물론 세상은 불균형할 수 있고 차별적 요소도 많을 것이지만, 그런 것을 조금씩 배려함으로 모두가 같이 살아갈 수 있기를 바라는 것이 모두의 소망일 수 있다.

만일 힘 있는 자와 힘없는 자가 함께 살아가고 있고, 서로에게 적당히 나누어야 모두가 좋을 수 있는 것이 있을 때, 힘 있는 자가 힘없는 자에게 '이것 내가 가져도 되지?'라고 필요한 것을 먼저 가져가려 하면 힘없는 자는 그냥 '그렇게 해.'라고 대답할 수밖에 없는 경우가 생길 수 있다. 그리고 그것이 힘없는 자의 입장에서 삶에 영향을 줄 수 있는 어떤 것이었다면 어떻게 될까? 힘 있는 자는 힘없는 자의 동의를 받은 것으로 또는 그가 양해한 것으로 받아들였다면, 그것은 불가피하게 힘에 눌려 양보한 것처럼 보일 수밖에 없었던 힘없는 자의 아픔은 상처로 남았을 수도 있기 때문이다.

이러한 경우 힘 있는 자는 양해 받은 것으로 알고 당연한 것으로 생각되어 그 일을 잊어버렸을 수 있을 것이다. 그러나 힘없는 자는 나중의 앙갚음을 두려워해 억지로 양보한 것이라면 그리고 그것이 삶에 중대한 영향을 끼칠 수 있었던 것이라면, 그 아픔은 잊을 수 없는 기억으로 가슴에 새겨질 수도 있기 때문이다. 이렇게 힘 있는 자와 힘없는 자가 함께 살아가는 것이 사회라는 구조의 세상일 수밖에 없을 것이다.

우리가 살아가는 세상은 크게 남자와 여자로 구분될 수 있고, 힘 있는 자와 힘없는 자의 대표적인 구분이 남자와 여자로 나누어질 수 있는 것이 또한 현실일 수 있을 것이다. 이러한 경우와 같이 힘 있는 남자들이 어떤 것을 실현하려고 요구했을 경우, 힘없는 여자들의 입장에서는 싫어도 참고 양보할 수밖에 없는 경우가 상당히 있을 수 있는 것이다.

그러한 불합리하다고 생각되는 것을 남자들은 당연하다고 여겨서 잊어버렸고, 힘의 논리에 밀려 참을 수밖에 없었던 여자들은 그 아픔을 시련으로 여겨 가슴에 새겨지고, 오래도록 기억될 수 있음을 힘 있는 자들이 살피려 하지 않는 것이 일반화되었을 수 있다. 이러한 것은 사후에라도 섭섭함을 말했다고 해도 무시될 수도 있을 것이다. 그러면 비슷한 사례가 계속 반복될 수 있고, 힘없는 자인 여자들은 그러한 것이 개선되지 않기 때문에 그러한 일들은 가급적 피하려고 할 것이다.

이렇게 회피 되어 '쌓인' 것이 곪아서 병이된 것이 '화병'의 형태로 나타났을 수 있을 것이다. 그리고 그러한 시련이 쌓여 아픔으로 발전되어 가는 것을 회피하기 위한 방어기제가 작용한 것이 '황혼이혼'의 모양으로 우리들 앞에 노출되는 것일 수도 있을 것이다. 이렇게 화병이나 황혼이혼이라는 병증으로 나타나도 그것을 그들의 사회구성원들이 살펴주려 하지 않으면 회피할 수 있어지고, 그러한 것의 기피현상이 '인구절벽'이라는 사회적 문제로 나타났을 수 있을 것이다.

▌배경과 흔적

우리의 출산율이 현재의 OECD 평균보다 아래로 떨어진 시점이

1980년대 중반으로 본다면 약 35년간 지속적으로 낮아져 지금은 그때의 1/2수준이 되었다는 것으로, 그 오랜 기간 지속적으로 문제가 개선되지 않고 심화되고 있었다는 것이다. 그렇다면 문제의 배경은 무엇이고, 무엇 때문에 개선되지 않고 점점 심화되고 있는지 그 배경을 살펴보고 반성해야 할 시점에 와있는 것은 아닌가? '모성기피'는 무엇 때문에 지속되고 있는가?

우리 사회는 500년 이상을 유교적 '남성 우위'의 역사를 가지고 있었고, 가문의 계승을 위해 오랜 시간을 남아 출산을 선호하고 있었다. 가문의 대를 이어야 하는 전통의 풍습은 출산율이 점점 낮아져서 2인 미만이 되었을 때 어떤 현상이 발생했을 것인지는 모두가 예상했을 수 있을 것이다. 결국, 가문의 대를 잇기 위해 1980년대부터는 여아 출산을 회피하고 남아 출산을 장려할 수밖에 없는 현실과 마주했고, 그 결과는 어떻게 되었을까?

단위 연령별 남자와 여자의 비율이 현격한 차이를 보일 수밖에 없을 것은 피할 수 없는 현실이 되었다. 예를 들어 출산율이 2.0명 이상이면 남녀 성비가 비슷할 수 있는데 1.5명 미만으로 떨어지고, 가문을 이을 남아를 희망했다면 남아 2명에 여아 1명으로 실현될 가능성이 커졌다는 것이 될 수 있다. 그렇다면 출산율이 1.0명 미만으로 내려갔다면 어떤 현상이 일어났을까? 결국, 여아는 아주 귀한 '귀인' 대접을 받아야 할 정도로 찾아보기 어려워졌을 수 있을 것이다.

이렇게 여성은 귀한 몸이 되었는데 '여성 차별'의 풍습과 관행이 지속된다면 어떤 현상이 발생할 수 있을까 궁금해진다. 세상의 가치 흐름이 가족을 줄여 잘살아 보려는 '황금만능' 시대로 흘러간다면, 여성들은 결혼을 기피하고 돈을 벌 수 있는 직장생활로 내몰릴 수밖에 없을 것으로 본다. 이러한 관행과 관습이 수십 년간 지속되면서 사회적 '문화'로 받아들여지고 또 그렇게 유행처럼 흘러갈 수밖에 없다면 과연 누가 반성하고 성찰해야 할까?

결국, 힘 있는 자가 힘없는 자를 살펴서 배려하지 않은 잘못이 가장 클 수밖에 없을 것이다. 이것은 우리 사회를 지탱하는 권력 있는 자, 돈 많은 자 그리고 사회지도층에 있는 분들이 함께 운용하는 국가와 사회의 공통적 판단의 오류로 보아야 할 것이고, 그들 무리의 중심에 '남자'들이 있을 것은 피할 수 없을 것으로 여겨진다.

1960년대 이후 60여 년간 이어져 온 가족을 줄여 잘살아 보기를 끊임없이 추구한 현실이, 인문적 가치가 되어 생활 속에 정착되면 그것은 습관이 되고 문화가 되어 관성처럼 지속될 수밖에 없을 것이기 때문이다. 국가와 사회 차원의 새로운 가치 변화가 모두의 동의를 얻어 실현되지 않으면 그것이 지속되어 심화되어 온 시간만큼의 오랜 시간을 기다려야 할지도 모를 것이다. 그리고 힘 있는 자가 너그러운 마음으로 베풀고, 힘없는 자가 그것을 수용할 수 있다는 신뢰가 쌓이지 않으면 불가능할 수도 있을 것이다.

그것은 힘 있는 자의 당연함이 힘없는 자의 아픔으로 기억되는 사회적 힘의 논리가, 서로를 믿을 수 있는 신앙의 수준이 되어야 당연함으로 여겨져서 받아들여질 수 있을 것이다. 이렇게 출산율의 불안정성 문제는 사회적으로 차별받는 약한 여성들의 문제가 아니라 국가나 사회지도층의 문제의식에 있고, 남자들이 그것을 조장한 것일 수도 있기 때문에 더욱 어려운 현안이 될 수 있을 것이다.

사회지도층과 국가와 사회가 함께 나서서 이 문제를 개선하려 한다면 충분한 사회적 합의가 가능할 것으로 생각된다. 그러면 우리 사회의 '화병'이나 '황혼이혼' 같은 여성들의 문제도 함께 해결될 수도 있고, 자살률이나 아동학대, 노인학대 같은 문제도 완화될 것으로 본다. 모든 문제는 사회라는 '유기체' 속에서 연결되어 있는 것이니까.

없어야 하는 것

우리가 살아가는 역사에서 짧은 시간에 대제국을 건설한 사례는 알렉산더 로스에 의한 알렉산더제국과 칭기즈칸에 의한 몽골제국을 들 수 있을 것이다. 그들은 유목 부족이어서 이동의 속도가 남달랐을 수 있어 속도전이 가능했을 것으로 본다. 그러나 세계 4대 문명은 큰 강과 관련된 농경 부족에 의해서 이루어진 것으로 볼 수 있다. 유목 부족은 속도의 장점은 가지고 있으나 정착해서 문명을 꽃피울 수 있는 오랜 시간을 유지하는 데는 불리함이 있었던 것으로 보인다. 농경 부족은 큰 강 주변에 정착하여 오랜 세월을 끊임없이 노력한 결과가 그들의 문화와 문명으로 남았다고 볼 수 있을 것이다.

그렇다면 문화와 문명의 발달에는 '정착'이라는 조건과 오랜 '시간'이라는 조건이 충족되어야 가능할 수 있는 것으로 보아야 할 것이다. 그것은 삶의 바탕이 안정되어야 미래에 대한 희망이 생길 수 있고, 행복하고 싶은 욕구가 문화적 행위로 나타난 것을 문명이라 볼 수 있기 때문이다. 이렇게 어떤 희망과 행복 그리고 문화적 흔적을 남기려면 '안정'된 삶이 필수의 조건일 수 있다.

오랜 선사의 원시시대에도 인류로 진화하고 인문적 사고가 가능하게 하려면 절대 안정이라는 삶의 토대가 형성되어야 행복하고 싶은 욕망도 생기고, 잘 살아보고 싶은 희망 같은 것이 작용할 수 있을 것이다. 주변에 포식자인 맹수들이 우글거리고 화산의 폭발이라든가 또는 벼락이 떨어져 거대한 들불이 생기고, 폭우가 쏟아져 삶의 무대가 휩쓸릴 수 있다면 과연 행복과 희망을 생각할 수 있었을까 하는 것이다.

그들도 행복하고 싶은 희망도 있었을 것이고, 가족과 함께 사랑을 나누고도 싶었을 것이며, 미래에 대한 꿈도 있었을 것으로 본다면 주변의 불안정한 자연환경을 어떻게 극복하고 인류로 발전할 수 있었을까? 역사시대처럼 과학적 사고도 불가능했을 것인데 무엇을 믿고, 정착하고 자연재난의 역경을 이겨내고 행복과 사랑을 이룰 수 있는 심리적 안정을 이룰 수 있었을까?

그것은 절대자인 '신'과 '하늘'이 그들을 보호해 줄 것이라는 신앙적 '믿음'이 있었기 때문에 가능할 수 있었을 것으로 본다. 그렇다면 무슨 이유로 그들은 하늘과 절대자인 신이 자신들을 보호해 줄 것이라고 생각했을 수 있을까? 주변의 많은 야생동물 중에 유독 눈높이로 서서 걸을 수 있는 동물이 그들 말고 또 누가 있을까 하는 질문도 좋은 변화의 시작이 될 수 있었을 것이다. 그리고 또 많은 동물 중에서 손을 자유롭게 사용할 수 있는 동물이 어떤 것이 있을까 하고 살펴볼 수도 있었을 것이다. 그런데 가장 중요한 다름은 모든 동물이 불을 무서워해 피할 수밖에 없었는데, 오직 그들은 손으로 불이 붙은 나무토막을 들고 움직일 수 있다는 절대적 다름이 있었다는 것을 그들이 알게 되었다.

이렇게 모든 동물에 없는 특별함을 그들에게 주었다는 것만으로도 하늘과 신이 자신들을 특별히 다르게 보았다는 것을 알게 되었고 과연 우리가 특별한지도 따져보았을 것이다. 그리고 그러한 특별함을 자부심으로 모든 동물과 다르다는 것은 곧 하늘과 절대자인 신께서 그들을 선택했다고 믿을 수 있게 되었고, 그들의 신과 하늘이 자연재난에서 그들을 보호해 줄 것이라는 신앙이 생겼을 수 있고, 그것을 바탕으로 신과 하늘에 '의지'하는 마음으로 '기도'하게 되었다.

이렇게 신과 하늘의 선택 받았다고 생각되면 하늘과 신께서 정해놓은 '진리'를 따라야 하고, 그 뜻에 거슬리는 것은 나쁜 것으로 없어져야 한다고 '신앙'하게 되었을 것이다. 그러한 안정에 대한 '믿음'은 그들을 용맹하게 했고, 아무리 어려운 자연재난이 있더라도 극복할 수 있게 되어서 하늘과 신의 보호에 '감사'하게 되었다.

절대안정을 위해 절대적 능력의 보호를 받게 되었기 때문에 안정에 영향을 줄 수 있는 것들을 거부하게 되었다. 그러한 이유에서 불균형되거나 서로 짝지음이 없거나 불안정해 보이는 것을 싫어하게 되었고, 그러한 것의 바탕으로 그들이 살고 있는 땅은 절대 안정되어 불안함이 없어야 한다고 신뢰하게 될 수밖에 없었을 것이다.

▌있는 것으로의 시작

인류가 예상할 수 없었던 자연재난에 대해 보호받을 수 있다는 '신뢰'는 그들 삶의 자신감으로 나타났고, 그것은 그들 생각의 변화와 미래에 대한 '희망'을 가능하게 했다. 그것은 밤과 낮이라는 하늘의 이치를 받아들여 '음양'의 짝지음을 하늘과 신의 뜻으로 '존엄'하게 여겨서 일식 같은 비정상을 두려워했고, 남자와 여자라는 양성도 음양의 논리로 해석해서 두 가지 성별에 속하지 않은 성별은 있을 수 없는 하늘과 신에 대한 불경으로 여길 수밖에 없었을 것이다.

그리고 균형되지 않은 모양이라든가 안정에 지장을 줄 수 있는 물체들을 하늘과 신의 뜻에 거역하는 것으로 보아 없어져야 할 것으로 인정하게 되었다. 밤과 낮이 바뀌어 가는 것을 태양이 돌아가서 나타나는 하늘의 질서로 믿게 되므로 그들이 살고 있는 땅은 절대안정의 토대로 흔들릴 수 없는 신념으로 되어갔다. 그것은 오랜 세월 그들의 신앙이 되어 '르네상스' 시대에 나타난 지동설을 하늘과 신을 거부하는 악마적 발상으로 경계하여, 그들을 죽음으로 다스리게 하는 뿌리가 될 수밖에 없었다.

또한, 모든 생명체는 암컷과 수컷으로 분류되고, 그러한 구분에서 벗어나는 것도 역시 음양론의 하늘의 뜻을 거역하는 것으로 보아 절대 있어서는 안 되는 재앙으로 보았을 수밖에 없다. 이러한 절대적 사고는 사람들의 생활영역에도 불가피하게 작용할 수밖에 없었고, 그러한 신앙적 믿음이 예상할 수 없었던 아픔을 불러오기도 했을 것이다. 그것은 말과 당나귀에서 나오는 노새라는 생명체의 비애와 같은 것일 수도 있다.

당나귀의 인내력과 말의 힘이 융합되어 힘 있고 인내력 강하고 온순한 노새라는 가축은, 사람들을 위해 많은 일을 할 수 있었는데 그들끼리는 후예를 남길 수 없는 생명체로서는 슬픈 가축일 수 있다. 이렇게 매우 유용하고 필요할 수 있는 동물 종들도 실제는 존재하고 있지만, 그들의 고유한 유전자를 지속할 수 없는 생명체로 되어 그들만의 삶으로는 있을 수 없는, 자연의 애매함 같은 것이 되었을 수 있다.

이러한 애매함은 우리 인류의 삶 속에서도 나타날 수 있고 또한 그러한 것이 지속되고 있음을 모두가 알고 있으면서도 모른 체, 그리고 없는 것으로 하늘과 신이 두려워 회피하고 있었을 수도 있을 것이다. 그것은 '생명의 성(性)'은 남자나 여자이면서도 '행동의 성(性)'은 여자 또는 남자로 처신하고 싶어 하는 이웃들이 있었음을 알고 있는 경우도 있을 것이다. 물론 그들이 외형적으로 남성이나 여성으로 분류되어 살아가고 있지만 실제 그들의 삶은, 서로 다른 심리적 아픔과 신체적 고통에 의해 상반되는 '성별'로 살고 싶은 것도 받아들이는 여유는 어떨까 한다.

노새의 삶도 자연현상에서 존재는 하지만 그들 고유의 종으로 지속될 수 없듯이 인류도 이렇게 양성에 서로 속할 수도 없고, 그리고 반씩은 속하고 있는 이들을 이제는 인정하고, 그들의 선택을 존중할 필요는 없는 것일까? 지난해부터 중남미 여러 지역을 비롯해서 올해는 미국에서도, 그들을 양성인 남과 여의 어디에도 속하지 않는 별도의 '성별'로 인정하는 행정적 절차가 시행된다고 한다.

그것은 그동안 풀지 못하고 있었던 '성 소수자'의 인권을 수용하는 절차로서 미국의 여권 발급 기준이 변경되고 있다는 것이다. 즉, 그들의 성(性)이 양성 어디에도 속하지 않는다고 해서 성별란에 'M' 또는 'F'가 아닌 'X'로 표현할 수 있게 했다는 것이다. 이것은 생명의 성(性)인 남성과 여성이 아닌 새로운 성으로 구분되는 '제3의 성'으로 인정되고 있다는 것이다. 그리고 이러한 추세가 다른 여러 나라에서도 조금씩 받아들여지고 있어, 오래지 않아 많은 국가에서 보편적으로 인정하는 새로운 성(性)인 '제3의 성'으로 공식화할 것으로 보인다.

그렇다면 남성 또는 여성이라는 종전의 개념에서 또 다른 생명의 성(性)인 'X'성, 즉 제3의 성으로, 두 가지 '생명의 성(性)'에서 변이를 인정하는 것이 될 수 있는 것이다. 그것은 태어나서 어릴 때는 양성의 어느 편에 속했다가 성장하면서 그들의 정체성이 'X'성으로 갈 수 있다는 것이 될 수 있다. 이것을 양성의 기준에서는 '성(性) 변이'로 보는 것이 합리적일 수 있다.

❙ 태아초의식과 모성초의식

우리 시대 성 소수자라고 분류하는 이들이 현재만 있었던 것이 아니고 지나간 오랜 세월에서도 있었을 것이다. 그러나 불안정한 것 그리고 음양의 어느 쪽에도 속하지 않은 것은, 하늘과 신의 뜻이 아니라고 여겨서 없었던 것으로 모두가 알고 있었을 수 있다. 그러나 있었던 것을 없는 것으로 할 수는 없어서 실제의 현실을 받아들이는 것을, 절대적 '진리'에서 실제적 '순리'로의 변화로 보아야 할 것이다.

이러한 변화는 천동설에서 지동설로의 현실 수용도 '순리'로 보아 인정했던 것을 고려하면 당연할 수도 있을 것이고, 19세기 중반에서 시작된 '진화론' 또한 많은 과학자가 받아들이고 있어, 절대적 '진리'에서 실제적 '순리'로 인정하는 것이 합리적일 수 있다. 그리고 성 소수자들을 '제3의 성(性)'으로 공식적 분류가 시작된 것도 같은 범주의 순리를 받아들인 것으로 봐야 할 것이다.

우리가 살고 있는 세상에는 수많은 생명체가 살아가고 있고, 그들은 모두 살고자 하는 욕망과 살아있기 위한 그들만의 '의식'이나 '감각' 또는 '느낌'이 있어야 할 것이다. 그래야 삶에 불리한 요소를 피하고 삶에 유리한 조건을 선택할 수 있어, 지금까지 살아가고 있는 것으로 보아야 하기 때문이다. 이러하듯이 살아있는 모든 생명체는 살고자 하는 '의식'이 있어야, 자신들이 살아가는 데 유리한 환경을 좇아 생명체로 존재할 수 있을 것이다.

그렇다면 생명체가 생기기 시작하면서 주변 환경을 판단할 수 있는 '의식'이 처음부터 있었을까? 하는 것이다. 어떤 생명체가 새로운 삶을 시작할 때 우선 내가 존재하는 것을 감각할 수 있는 '느낌'에서 시작되어, 스스로 생명이라는 것을 '인식'해 가는 과정으로 발달되었을 것으로 본다. 이렇게 '생명'으로서 느낌이 생기면 내가 살아있는 것이로구나 하는 의식으로 진행되어서 느낌에서 의식으로 바탕화되어 자기화되는 과정이 생명의 본질인 것이다.

그렇다면 사람은 최초 살아있다는 느낌에서 생명체로 인식되어 가는 과정을 '태아초의식'이라고 할 수 있을 것이다. 이렇게 태아가 생명체로 인식되어 최초의 의식이 생기는 과정을 통제하는 것은 무엇일까 하는 것이다. 즉, '태아초의식'이 생기는 과정을 통제하는 감각과 느낌을 주관하는 주체는 무엇일까 하는 것이다. 그것은 태아가 의식이 생기기 전의 세포 과정으로 당연히 모성의식이 그 과정을 통제하고 주관한다고 봐야 할 것이다. 이것이 '모성초의식'이다.

그것은 '태아초의식'을 통제하고 생성하는 의식이 모성일 수밖에 없고, 그것이 새로운 생명의 초의식으로 자리매김하는 과정이므로 모성에서 유래된 초의식으로 보아 '모성초의식'이라고 하는 것이다. 결국, 태아초의식은 모성초의식일 수밖에 없고 태아의 성장에 관여는 하지만, 태아의 모든 기능과 성장을 지원하는 실질적 주체는 모성으로 보아야 하기 때문에 '태아초의식'을 '모성초의식'이라 할 수 있는 것이다.

그렇다면 태아초의식은 모성사랑의 통제를 받는 모성초의식이면서 그것을 느끼는 과정은 태아의 입장에서 모성사랑으로 보아야 할 것이고, 태아가 느끼는 행복도 또한 모성행복일 수 있을 것이다. 이렇게 모성사랑과 모성행복이 하나일 수밖에 없고, 모성초의식이 태아초의식일 수밖에 없는 것은 태아가 모체에 포함되어 하나로 살아있기 때문일 수 있다. 이렇게 태아가 생명체로서 형성되는 과정에서 작용하는 느낌이나 감정은 모성감정이나 느낌일 수밖에 없다면 모성사랑과 모성행복은 태아와 일체화되어 자기화된 바탕으로 봐야 할 것이다.

그렇게 되면 태아초의식은 모성사랑을 생명 탄생의 최초 환경으로 설정되어 초기화되었다고 봐야 하고, 그러한 것이 생명의 '바탕의식'으로 시작되어 인류의 바탕에 흐르는 '인류애'라는 정서로 불리고 있는 것으로 본다. 이렇게 인류애는 모성사랑으로 초기화되어 모든 사람의 '바탕'으로 작용해서 인간의 본질로 나타나는 것을 '본성'이라고 할 수 있을 것이다. 이렇게 태아초의식이 모성초의식을 벗어날 수 없는 것이 인류를 지속하게 하는 '지속을 위한 사랑의 성(性)'으로 봐야 하고, 그것이 모성에 바탕에 두었기 때문에 '모성사랑'의 지속이라고 볼 수 있을 것이다. 그것은 생명이 살아있는 한 '모성사랑'도 존재한다고 봐야 하는 것이다.

┃ 다윈의 반인반수

중세 유럽에서 절대적 힘으로 세상을 지배한 것은 하늘과 신의 존재였다. 그러나 그것도 십자군 전쟁이 실패로 돌아가면서 새로운 변화가 시작되었다. 그것은 '르네상스'라는 새로운 사회운동으로 실제 현실에서 보이지도 않고 무엇인지도 모르는 '신'을 보지 말고, 현실 세상에 있는 사람들의 생각이나 하늘이 움직이는 이치 같은 과학적 개념이 우리 삶에 더 중요할 수 있다는 사회가치의 변화였다.

그러한 결과가 천문학을 발전시켰고 그것은 지구가 둥글다는 이론으로 발전하면서 '천동설'이 아닌 '지동설'로의 변화를 불러왔고, 그러한 것을 증명한 것이 콜럼버스에 의한 신대륙 발견일 수 있다. 이렇게 지금까지 절대의 '진리'라고 생각했던 태양이 움직이는 것이 아니고, 땅이 움직인다는 사실은 너무도 큰 충격이었을 수 있다. 그러나 용기 있는 개척자들에 의해 배를 타고 지구를 한 바퀴 돌아서 제자리로 귀환

하는 세계 일주가 실현되면서 땅이 움직인다는 지동설과 지구가 공처럼 생겼다는 것을 받아들일 수밖에 없어졌다.

이렇게 절대안정의 '진리'에서 과학적 논리를 바탕으로 하는 '순리'를 받아들이면서 사람들의 생각도 많은 변화가 가능했고 또 의심스러운 것이 있으면 지속적으로 탐구하고 연구할 수 있는 무한의 가능성도 생기게 되었다. 그러한 것이 지동설이 발표된 후 300여 년이 지난 19세기 중반에 '찰스 다윈'에 의한 '진화론'이 세상을 또 한 번 놀라게 한 것이다.

그것은 사람이 신에 의해서 창조된 것이 아니고, 자연현상으로 있던 생명체가 환경에 적응하려고 조금씩 변이되어 현재와 같은 형상으로 발전되었다는 이론이기 때문이다. 이것도 절대 진리로 받아들이고 있었던 조물주의 창조론에서 자연환경의 흐름을 받아들이는 순리였기에, 많은 선각자를 놀라게 했고 또 절대 있을 수 없는 괴변이라고 몰아붙이기도 했다. 그러한 현실은 『종의 기원』이라는 책자가 발간되고 나서 런던의 잡지나 신문의 풍자만평에 '침팬지의 몸에 다윈의 얼굴을 붙여' 편집한 삽화가 출간되었다는 것이다.

물론 시대적 사고로 받아들이기 어려운 주장이었음을 많은 사람이 동의할 수 있는 현실로 볼 수 있을 것이다. 그러나 지금은 많은 과학자가 '진화론'을 받아들이고 있는 현실을 보면 절대의 '진리'라는 것은 없다고 볼 수 있어진 것이다. 천동설에서 지동설로 바뀌는 변혁을 수용하는 것도 준비가 덜 되었을 수 있는데, 창조론에서 진화론을 받아들이라는 것은 일반의 서민이 수용하기에는 한계가 있었을 것으로 본다.

그러나 신화의 시대에도 이미 반은 사람이고 반은 동물인 사례가 몇

건 있는 것으로 보아, 사람의 본질에 짐승의 본능과 사람의 도덕성이 함께하고 있는 것을 선조들도 알고 있었던 것은 아닐까 하는 것이다. 이집트 피라미드를 지키는 '스핑크스'라든가 그리스 신화에 나오는 말의 몸에 사람의 머리를 한 '켄타우로스', 사람의 몸에 황소의 얼굴을 한 '미노타우로스' 또는 북유럽의 인어공주도 같은 흐름으로 볼 수 있을 것이다. 이러한 것은 사람의 본질에서 '이중성'이 있는 것을 오랜 선사시대부터 의문을 가졌다고 볼 수 있고, 오늘날 역사시대에서도 '성선설'과 '성악설'이 서로의 주장이 옳다고 하는 사례를 보면 사람은 반은 '짐승의 본능'과 반은 '사람의 본질'을 가졌다고 주장할 수 있는 근거가 된다.

이렇게 '복성(複性)'으로 나타나는 사람의 성(性)인 '도덕'과 짐승의 성(性)인 '이기심'이 때에 따라, 서로 다르게 나타나는 것을 경계하려고 하는 것이 이기와 이타의 경쟁으로 볼 수 있을 것이다. 사람들은 모든 행동에서 이기심과 이타심이 뒤섞여 함께 나타나는 것을 많은 경우 스스로 느끼기도 했을 것이고 또한 그러한 사례를 보기도 했을 것이다. 이러한 것을 경계하려고 '동물의 성'을 제어하여 '사람의 성'을 장려하려는 시도가 윤리교육의 역할이라고 볼 수 있기 때문에 종교와 철학이 추구해야 할 가치 또한 이러한 것으로 봐야 할 것이다.

만일 사람의 본질에서 이러한 이중성이 없다면 오늘날 현실에서 많은 다름이 있었을 것으로 본다. 그것은 범죄의 문제라든가 자신의 유리함을 위해 힘이 없거나 미성숙 된 이를 이용하려는 시도가 없어져서 좀 좋은 사회로 발전하지 않았을까 하는 것이다. 사람은 '생명의 성'과 '사랑의 성'을 함께 가지고 있는 '복성(複性)'의 소유자일 수 있다.

사랑과 행복의 샘

우리는 밤과 낮이라는 지구 일주관성 속에 살고 있으면서도, 우리가 삶 속에서 관성의 영향이 없는 것으로 착각하고 살아지는 것일 수 있다. 우리가 매일 일어나 낮 시간을 움직이고 피로가 쌓이면 밤 시간에 쉬면서 체력을 회복하는 것이 일상일 것이다. 그렇다면 우리는 지구관성의 타임 스케줄에 '포로'가 되어 탈출할 수 없는 신세일 수도 있을 것이다.

우리가 사는 바탕과 무대가 항상 이러한 '관성' 속에 살고 있으면서도, 관성이 우리를 떠밀어서 활동하고 떠밀려서 휴식할 수밖에 없는 현실을 깨닫지 못하고 살아가는 것일 수 있다. 이렇게 우리가 알지 못하는 사이에 관성의 영향이 '습관'이 되고, 그것이 '일상'처럼 반복되어 영원히 '지속'된다면 무슨 의미가 있을까 하는 것이다. 수십 년을 반복되는 단조로운 삶 속에서도 살아야 하고 그리고 살아지는 것이 생명체의 숙명일 수 있을 것이다. 그리고 살아지고 살아져야 하는 굴레 속에서 조그마한 희망과 꿈을 갖고 살아갈 용기를 얻는 것이 '사랑'과 '행복'일 수 있을 것으로 본다.

사람들은 누구나 각각 살아가는 의미가 있고 그 의미 속에서 누군가의 사무치도록 넘치는 사랑을 받아 보았을 수도 있을 것이고, 그러한 사랑의 따뜻함에 그래도 살아있기를 잘했구나 하는 행복함의 눈물겨움을 맛보았을 수도 있을 것이다. 이렇게 조그마한 사랑과 행복의 느낌이 그토록 무료한 삶을 살아가게 할 수 있는 양념 같은 것일 수 있고, 그러한 짧은 시간의 따뜻함 때문에 살며시 웃을 수 있는 희망이 되었을 수 있을 것이다. '이렇게 우리를 살아갈 수 있게 하고, 살아갈 수 있는 희망을 주는 사랑과 행복은 무엇이고 어디서 왔을까?' 궁금해질 수 있을 것이다.

사람들의 삶 속에 묻어있는 이러한 감정은 누구나 가지고 있고 처음부터 있었던 것이어서, 누가 따로 가져다준 것이 아닌 것을 모두 느끼고 있고 알고 있는 본원적 '감성'에서 나오는 정서일 수 있다. 이러한 느낌을 누구나 가지고 있고 모두가 느낄 수 있다면 그것은 태어날 때부터 가지고 있는 어떤 것으로 보아야 할 것으로 본다.

사람들이 살아있기 위해서는 의식이 생기고 나서 삶이 형성되었을 것으로 본다면 사랑과 행복이라는 느낌과 정서는 '초의식'으로 정착되어 생명과 함께 형성된 것으로 보는 것이 합당할 수 있다. 그렇다면 사랑과 행복은 생명이 시작될 때 어머니에게서 형성되어 태아의 초의식으로 스며들고 입혀진, 본원적 정서의 뿌리이고 태아 세포에서 싹을 키운 감성의 본질일 수 있을 것이다.

이렇게 생명은 어머니를 통해 본성적 감정으로 사랑과 행복이 시작되었기에 그것을 '태아초의식'이라 할 수 있고, 그것은 모성의 사랑 속에서 키워진 것이기에 '모성초의식'이라고도 할 수 있을 것이다. 이러한 사랑과 행복을 모성사랑 또는 모성행복이라고 하는 것은, 태아와 어머니가 한몸에서 시작되어 새 생명으로 형성된 것이어서 당시의 의식은 모성의식으로 출발했다고 보기 때문이다. 이렇게 태아초의식은 모성사랑과 모성행복이 하나일 수 있는 것은 태아가 의식은 있으나 그것을 통제하는 것은 모성이기 때문에 느낌으로만 존재하는 것이고, 태아의 행동에 의한 것이 아니기 때문일 수 있다.

그러나 어머니에게서 독립하는 출생의 시점에서 영아로 탄생하면 그 스스로의 감각과 느낌 그리고 의식이 작용한 것이기 때문에, 모성사랑은 어머니가 행동으로 보여준 행적이 되고, 영아의 입장에서는 모성사랑이 전해지는 현상을 행복으로 느껴서 그러한 감정을 모성행복이라고 할 수 있다.

태아와 모체는 하나여서 모성사랑과 모성행복은 하나일 수밖에 없고, 영아의 경우는 모체와 분리됨으로 모성사랑은 어머니의 행적이고, 그것을 받아들이는 영아의 입장에서는 모성행복으로 느껴지는 행적이 되는 것이다. 이렇게 해서 영아초의식은 모성사랑과 모성행복이 분리되어 행복만 느껴지고, 사랑을 베푸는 것은 어머니의 '이타성'으로 받아들여지므로 이기와 이타가 분리되어 인식되게 되는 것이다.

▮ 인류애의 기원

인류를 존속하도록 하는 것은 생명일 것이다. 생명이 없는 것은 생명체가 아니어서 살아갈 수 없기 때문에 살아있는 생명으로 존재할 때 주변과 상호작용을 할 수 있을 것이다. 이렇게 '살아서' 존재하는 것을 '생명'이라고 하고, 그렇게 살아있으려고 노력하는 것을 '생명의 성(性)', 즉 살아있으려고 하는 마음이 생겼다고 한다. 생명체가 살아있기 위해서는 언제나 살아남기 위한 선택을 할 수밖에 없고, 그것은 어떠한 경우라도 살기 위한 행동의 결과이기 때문에 그러한 행동을 '이기적'이라고 하여 살아있으려는 '생명의 성(性)'을 이기심이라고 하는 것이다.

이렇게 살아있는 생명체가 자기에게만 유리한 이기적인 행동만을 할 경우에는 다른 생명체와 함께 살아가는 것은 불가능해질 수 있어, 결국에는 스스로에게 불리한 상황으로 내몰릴 수도 있을 것이다. 그래서 이러한 불리함을 해소하여 함께 살아가는 것이 유리하다는 것을 실현하는 행동이 '사랑의 성(性)'인 이타심일 수 있다.

만일 모든 생명체가 자신만 살아가려는 이기심인 '생명의 성'만 있고 함께 살려고 하는 이타심인 '사랑의 성'이 없다면, 자신의 짝을 찾을 수도 없을 것이고 그것은 결국 멸종으로 갈 수 있을 것이기 때문이다. 이렇게 살아있으려는 생명의 성은 생명체의 부모로부터 물려받은 것으로 보는 것이 합리적일 것이고, 함께 살려고 하는 사랑의 성은 어머니에게서 비롯된 모성사랑으로 봐야 할 것이다.

그것은 태아초의식이 생성되는 과정이 어머니의 몸속에서 함께 존재했기 때문이고, 태아를 키워내서 생명체로 출산하는 과정 또한 어머니의 태아에 대한 사랑에서 비롯되었기 때문이다. 이렇게 태어날 때 모두가 가지게 되고 '초의식'으로 모든 정서의 표준적 지표로 가늠되는 것이 '인류애'로, 어머니가 열 달 동안을 자신의 몸 안에 품어서 키워내는 숭고함을 태아의 입장에서는 '사랑'이라고 느끼고 받아들이므로 형성되는 생명본질의 바탕 감성으로 보는 것이 또한 사랑이고 '인류애의 기원'이 될 것이다.

이렇게 인류가 존속되고 사회가 지속되는 '얼개'의 바탕에는 인류애라는 모성사랑이 기반으로 있어서 생명의 성과 사랑의 성이 조화롭게 발현될 수 있는 것이고, 이기와 이타가 동시성으로 나타나고 있는 것이다. 우리의 눈에 보이지는 않지만 사랑이 없다면 어떤 현상이 나타날까? 우리가 현실에서 느끼는 사랑은 아버지의 사랑인 '부성'과 어머니의 사랑인 '모성'이 있을 수 있는데, 인류의 바탕 감성인 인류애의 근원을 왜 모성으로 설명하려 하는 것일까? 새로운 생명의 탄생은 부모가 함께해야 가능할 수 있는 것인데, 어머니의 사랑은 모두가 동의할 수 있는데 왜 아버지의 사랑은 없는 것인 양 지나치려 할까 의문스러울 수 있을 것이다.

우리가 부모님의 사랑을 설명할 때 자주 인용되는 표현으로 "아버지 날 낳으시고, 어머니 날 기르시니"라는 시말을 떠올리고 기억할 수 있을 것으로 본다. 여기서 '아버지 날 낳으시고'는 생명의 실현을 자기가 다시 태어날 수 있는 자신의 생명연장으로 본다면 그것은 이기심으로 보아야 할 것이고, '어머니 날 기르시고'는 이타적인 봉사로 볼 수도 있을 것이다. 그렇다면 '부성'은 생명의 지속을 달성했기 때문에 이기적인 '생명의 성'으로 봐야 하고, '모성'은 생명을 길러내는 희생적 헌신으로 이타적 행동으로 보아도 될 것이다.

그러한 인식을 바탕으로 생명은 '어머니를 통해' 사랑으로 태어났다고 할 수 있다. 그래서 '모성사랑'이 중요하고, 그것이 인류애의 바탕이 될 수밖에 없음을 다시 한 번 깨우칠 필요가 있는 것이다. 이러한 사랑은 태아 기간에 어머니의 몸으로부터 직접 느끼고 받은 사랑의 느낌이, 초의식으로 설정되어 다른 행동들을 비교하는 감정의 기준으로 작용하게 되는 것이다. 그래서 출생 후 어머니로부터 받은 사랑은 '영아'의 입장에서는 행복으로 느껴져서 '사랑은 주는 것'으로 이타이고, '행복은 받는 것'으로 이기일 수 있을 것이다.

▌플로레스의 '리오'족

우리가 흔히 남성, 여성 그리고 부성, 모성으로 표현하는 '성(性)'은 한자어에서 유래된 것이어서, 그 뜻을 살펴 풀어보면 '마음 심(心)'자와 '날 생(生)'자가 합하여져 만들어진 '글자말'일 수 있다. 그렇다면 '성(性)'이라는 말의 뜻은 '마음이 생겼다'로 해석할 수 있을 것으로 본다.

남성은 '남자의 마음이 생겼다'는 뜻이고, 모성은 '어머니의 마음이 생겼다'고 이해하면 될 것으로 본다. 이러한 '성(性)'이라는 표현의 가장 본질적 물음이 '본성'이라든가 '천성' 또는 '인성' 같은 것일 수 있다. 이렇게 '본래의 마음이 생겼다' 또는 '하늘의 마음이 생겼다'고 하는 것은 '사람의 마음이 생겼다'고 하는 '인성'을 설명하기 위한 과정의 한 방법일 수 있었을 것이다. 왜냐하면, 그것은 마음이 어디서 왔는지를 몰랐기 때문일 수 있다. 그래서 하늘에서 왔다고도 하고 또 본래부터 있었다고도 했을 수 있을 것이다. 그렇다면 마음의 유형 또는 형식이 어떤 것이 있을까를 살펴봐야 할 것으로 본다.

[표2] 마음의 기본적 형식의 분류

구 분	외적 분류	내적 분류	비 고
본질적 분류	생명의 성	사랑의 성	
비교적 분류	남성, 여성	부성, 모성	
동태적 분류	형상의 성	행동의 성	

이렇게 사람이 살아가는 데 없어서는 안 될 마음이 생긴 형식을 분류하면 크게 8가지로 구분할 수 있을 것으로 보고, 그 내용적 설명은 위에서 한 사례를 참고하면 이해할 수 있을 것으로 본다. 그리고 이러한 마음이 생겨서 행동을 하게 되면 그러한 행동이 옳은 것이라고 주장할 수 있고, 그래서 행동하게 되면 그러한 행동을 계속 지원하고 응원할 수 있어진다.

그것은 생명체인 자신의 행동이 옳은 것이라고 '주장'할 수 있어야 살아있는 생명으로서의 존재감이 생기고, 그러한 존재감을 실현해 나가는 것이 흔히 표현하는 '권력 의지'일 수 있기 때문이다. 이렇게 기본적 형식으로 분류된 마음에서 유독 한 가지만에 의미를 두어, 삶 속에서 실현하는 '부족'이 있는 것도 한번 새겨 볼 필요가 있을 것으로 본다.

인도네시아의 자바 섬에서 파푸아뉴기니 섬 사이에 있는 소 순다열도 중에 포르투갈어로 꽃이라고 표현된 '플로레스'섬이 있고, 그 섬에

'리오'족이라는 고유 부족이 살고 있다고 한다. 그들의 전통가옥에는 특별한 표식이 대문 앞에 장식되어 있다고 한다. 그것은 어머니의 '젖가슴'을 조각한 장식을 대문의 문고리 위에 붙여두고, 그 집을 방문하는 사람들이 그 집에 들어가기 전에 어머니에 대한 '존경의 표시'로 조각품인 젖가슴을 한 번씩 쓰다듬고 들어가야 한다고 한다.

이것은 너무도 순수한, 때 묻지 않은 사랑의 표현일 수 있다. 그것은 사람이 존재하는 것에 대한 어머니의 역할을 최소한의 표시로 숭고함을 인정한 것이고, 그러한 어머니의 사랑이 모두에게 나누어지기를 바라는 염원에서 일 것으로 보기 때문이다.

우리의 현실과는 너무나 대조적일 수 있어 그러한 순수함에 향수 같은 것을 느껴서 오래 기억되는 것으로 본다. 우리 시골의 그리고 고향의 어머님들은 어떠할까? 최소한의 존경과 배려는 아니더라도 '화병'이 생기지 않도록 해야 하는 것은 아닐까 해서이다. 우리 어머니들은 삶속에 싸인 아픔과 시련을 넋두리로 쏟아낸다면 몇 권의 책으로 풀어써야 할 것이라고 한다. 얼마나 많은 설움이 있었고 눈물겨움이 있었기에 '화병'이라는 세상에 우리에게만 있는 병이 생겼을까 하는 것과 그 사연이 얼마나 구구절절하면 대하소설이 될 것이라는 어머님의 표현에 우리가 무엇으로 대답해야 할까 하는 것이다.

만일 플로레스의 '리오'족 어머니였다면 그런 아픔이 있었을까 하는 혼자의 푸념일 수도 있을 것이다. 그러나 우리는 '화병'을 넘어서서 '황혼이혼'이라는 새로운 사회 풍조가 생기다 못해 지금은 '인구절벽'이라는 이상한 사회적 현실을 바라보면서, 이것이 모두 어머니에게서 시작되고 어머니에게로 돌아가는 '병증'이고 '병증적 아픔'이고 그것이 '우리'라는 정체성의 소멸로 갈 수 있는 것은 아닐까 우려하게 된다.

만일 '우리'라는 우리만의 사회적 가치가 없어질 수 있다면 오랜 세월을 견디어 온 조상님들의 지혜로운 '정체성'이 우리 세대를 지나면서 없어지는 것은 아닐까 하는 불경에서일 것이다.

▮ 제4의 성(性)

성(性)이라고 하는 한자는 '마음이 생겼다'로 그 뜻을 풀어쓸 수 있다고 했다. 그렇다면 우리가 양성(兩性)이라고 하는 제1의 성(性)과 제2의 성(性)을 남성과 여성으로 분류했다면 양성의 어디에도 속하지 않는 중간적 성격의 성(性)을 '중성'으로 구분할 수 있을 것이고, 이것을 양성의 어디에도 속하지 않는다고 해서 'M'과 'F'가 아닌 'X'로 그 성(性)을 표시할 수 있다고 했다. 그렇다면 이것은 제1의 성과 제2의 성인 '양성' 다음에 공식적으로 성(性)을 표시한 것이어서 '제3의 성(性)'이라고 표현하는 것이 당연할 것으로 본다.

이렇게 성(性)을 분류하기 시작하면 그 성(性)의 주체인 '마음'이 무엇인지가 중요해질 수 있을 것으로 본다. 다시 말해 성(性)을 '마음이 생겼다'로 설명하려면 우선 '마음'이 무엇인지를 알아야 할 것으로 본다. '마음'은 생명체가 살아남기 위한 행동으로 반복되는 관성적 습관이 고착화되어 나타나는 심리적 현상에서 비롯되는 행동을 설명하는 정서적 기능이라고 할 수도 있을 것이다.

이러한 관점에서 보면 마음은 생명의 본질이고 몸으로 자기화된 생명 유지 기능으로 볼 수 있을 것이다. 그렇다면 앞 소절에서 마음을 크게 '8 가지'로 분류하였는데 그 구분에서 '제3의 성(性)'인 'X'성 또는 성 소수자의 성(性)은 분류되어 있지 않다. 그것은 이미 남성 또는 여성으로 출생과 동시 분류되어 있었고, 성장과 생활과정에서 양성인 '기본 마음'에서 다른 성(性)으로 변이된 성(性)으로 분류하는 것이 합리적일 수 있을 것이다.

이렇게 '형상의 성(性)'에서 '행동의 성(性)'으로 변환되는 것은 남자로 성장했으나 여성으로 행동하는 것을 좋아하는 사람 또는 여자로 태어났으나 차후에 남성으로 행동하는 것이, 스스로 살아가는 데 유리할 것으로 보아 성년이 된 후 선택한 것이 될 수 있어, 기본적 분류에서 제외되었을 수 있을 것으로 본다. 이렇게 새로운 성으로 구분되고, 그것을 서로 존중해 줄 것을 모두가 동의한다면 합리적인 의사결정으로 볼 수 있다. 그러나 그것은 이미 있는 것이 변형된 것으로 볼 수 있어 기존의 질서와 사회가치를 혼란스럽게도 할 수 있을 것이다.

그것은 형상의 성은 남성 또는 여성으로 분류되어 있지만, 살아가는 과정에서 삶에 유리한 성(性)으로의 변경으로 볼 수도 있기 때문에, 필요시 또 본래의 성(性)으로 회복할 수도 있을 것을 우려할 수 있음에서이다. '만일 성 소수자로서 살아가는 것이 불리하다고 해서 본래의 구분된 성으로 복귀하려 한다면 어떻게 할까?'라는 것이다. 그러나 그러한 것은 사람의 기본인권에 관한 것이어서 사회적 합의가 필요할 것으로 보고 그러한 것을 가능하게 한다면 기존의 성(性) 분류에 있고 인류의 삶에 '중요한 성(性)'으로서 모든 인류를 품을 수 있는 '위대한 성(性)'을 '제4의 성(性)'으로 구분하는 것은 어떨까 제안하는 것이다.

그것은 이미 형상의 성으로 '여성'과 함께하고 있지만 '사랑의 성'인 '모성'을 새롭게 부각시켜서 존중해 주는 것이 인류의 삶에 유익할 수 있을 것으로 보아서, '어머니의 성(性)'이고 모두를 있게 한 '사랑의 성'을 '제4의 성'으로 존중해 주는 것이 우리의 삶을 더욱 풍성하게 하고 여유롭게 할 수 있을 것으로 보기 때문이다. 이것은 여성이 모성을 실현하기 위해 발현되는 '어머니의 성(性)'을 풍요롭게 할 수 있어 모두의 심성(心性)에 긍정적인 효과를 줄 수 있다고 생각되어서이다.

이것은 인류가 실현할 수 있는 가장 위대한 가치일 수 있는 '모성(母性)'을 모두가 숭고함으로 인정해 주자는 것이다. 쉽게 말해서 인류의 지속을 위한 '헌신과 희생'을 실현하는 임신과 출산 그리고 최소 2년간의 기본적 육아시간을, 모성이 발현되어 '사랑으로 봉사하는 시간'으로 보아 그 시간 동안만이라도 모성의 '숭고함과 존엄'을 모두가 존중해 주자는 것이다.

이것은 인류의 지속을 위해 헌신하는 '사랑의 성'을 정립해 주어 모성의 실현을 사회가 인정한다는 표시로, 나라를 지킨 영웅들을 훈·포장으로 그 업적을 높이는 것과 비슷한 것일 수 있을 것이다. 인류가 지속되어 안정된 사회가 유지되는 역할의 가장 중요한 부분이 '지속을 위한 사랑의 성(性)'인 모성(母性)일 수 있기 때문이고, 만일 사회의 지속이 불가능하다면 그 사회와 국가를 지키는 '호국영웅'이 필요할까 해서이다. 우리는 21세기 문명과 문화의 시대를 자부하면서 본원적 중요함을 잊고 있는 것은 아닐까?

:

있어도 모르는 것

너무 크면 보이지 않는다

우리가 살아가고 있는 지구환경은 우리의 삶을 통제할 수 있는 배경적 바탕일 수 있을 것이다. 그것을 쉽게 설명하면 계절과 같은 것일 수도 있고, 그들이 살아가는 정체성 같은 것일 수도 있다. 그것이 우리에게 있어서는 나를 '우리'라고 하는 공동체 가치의 중요성 같은 것일 수 있다. 그러한 것은 사회적 가치가 나를 '나'라고 하는 개인주의적 사고가 바탕일 경우는 우리가 아니고 '나'라고 하였을 경우와 같다.

이렇게 그러한 삶과 행동을 통제하는 삶의 배경 같은 것은 매우 중요한 위치적 고려를 가지고 있지만 보이지 않을 수 있어서, 그러한 배경보다는 어떤 행동을 했느냐가 주요 평가 대상으로 보이는 경우가 많다는 것이다. 그것은 영화나 소설 같은 경우 나쁜 것은 벌을 받고 좋은 것은 칭찬을 받는다는 결과적 배경을 가지고 진행되고 있는 것과도 같을 수 있다.

그러나 관객의 입장에서는 그러한 배경적 맥락보다 출연자의 행동이 관심을 끌고 있고, 그러한 행동의 흐름이 어떻게 진행될 수 있을까 하는 부분적으로 눈에 들어오는 현상에 몰두한다는 것이다. 그러한 것의 가장 표본적인 것이 연극일 수 있을 것으로 본다. 연극은 무대 배경이 그것을 연기하는 배우들의 행동배경으로 설치되어 있지만 그것은 있어도 없는 것처럼 느껴지고, 연기자의 행동 흐름과 대사에만 몰두하게 되는 것과 같을 수 있다.

이렇게 언제나 우리들 삶 속에 녹아있고, 아무도 모르는 사이에 영향을 주고받을 수밖에 없는 것이 '사랑'이라든가 자비로운 배려 같은 것일 수 있다. 사람들의 삶 속에는 언제나 사랑과 행복 그리고 배려 같은 따뜻함이 있지만, 그러한 것은 무대 배경같이 늘 있는 것임에도 없는 것처럼 인식될 수 있다는 것이다.

그러한 것 중에 가장 큰 것이 지속을 위한 '사랑의 성'인 모성 같은 것일 수 있다. '어머님 은혜는 가이 없어라' 하는 그 사랑은 모두의 '초의식'으로 바탕화되어 모두의 본질처럼 정착되어 있지만, 일상을 살아가면서는 느껴지지 않고 보이지 않는 것과 같이 '모두에게 있는 것은 없는 것과 같다'는 것이다. 그것은 TV 드라마 같은 것에서 좋은 것은 돋보이게 하고 나쁜 것은 멀리하려고 하는 현상과 같은 것일 수 있다.

그러한 것의 바탕 속에 아무도 모르게 스미어 나오는 것이 '사랑' 같은 것일 수 있을 것이다. 사랑하는 마음 그리고 사랑받고자 하는 욕망 그것이 모두 어머니에게서 물려받은 모두의 자산으로 바탕에 있는 것이지만, 모두가 없는 것처럼 모르고 살아갈 수 있는 것이다. 이것은 개인적으로 잘 느껴질 수 없어서 없는 것으로 착각할 수 있지만, 누구에게나 있는 인류애의 '본질'이고 우리가 살아가면서 바라는 존재의 바탕 같은 것이다.

이렇게 모두가 살아가는 삶의 바탕에 어머니의 사랑이 '초의식'으로 바탕화되어 있지만, 그것의 크기가 너무나 커서 보이지 않기 때문에 '있는 것인데도 모르고 지나가는 것처럼 없는 것이' 된 것이 아닌가 한다. 사람들이 사랑을 받으려 하고 행복하려고 하는 그것의 본원적 바탕이 '제4의 성(性)'인 모성에서 왔다고 보기 때문이다. 그것은 '태아'로서 받은 사랑이 원초적 느낌으로 감성적 바탕이 되었고, '영아'로서 알게 된 어머니의 보살핌이 나를 있게 하는 근원적 사랑이라고 인식되었고, 그러한 베풂 때문에 행복감을 느끼는 것이 또한 어머니의 사랑 때문일 것이다.

그것이 사람의 본원적 '감성'으로 그리고 시원적 '지성'으로 우리를 있게 했기 때문일 것이다. 이것은 태아초의식이 모성초의식과 같은 것일 수 있음을 바탕으로 형성된 모성사랑과 모성행복이 하나일 수 있기 때문이고, 그것은 선함의 뿌리일 수밖에 없어 인류 모두가 가지고 있는 '성선설'을 합리화할 수 있는 '인류애'의 기반일 것이다. 이것은 모두가 느끼지 못하고 보이지 않지만 모두의 가슴에 설정된 태초적 인식일 것이다.

이렇게 모성이 인류애에 끼치는 영향은 너무도 크고 깊어서 표현이 불가능한 크기로 다가올 수 있는 것이다. 그것이 생명이 가지고 있는 영원함과 생명을 지속하게 하는 사랑으로 각각 '생명의 성'과 '사랑의 성'이라고 하는 것이다. 결국, 사랑과 생명은 함께하기 때문에 지속될 수 있는 것이다.

▌너무 당연하면 보려 하지 않는다

우리들이 살아가는 세상에 배경이 없으면 좀 썰렁할 수는 있지만, 무대가 있으면 존재할 수는 있을 것으로 본다. 우리 삶의 배경을 인류애를 바탕으로 하는 '사랑'이라면 무대는 살아있기 위한 '생명'일 수 있을 것이다. 그리고 무대가 없다는 것은 존재할 수 없다는 것이 될 수도 있어 생각할 수 없는 조건일 수 있을 것이다.

이렇게 사람들이 살아가는 무대는 생명을 바탕으로 살아남기 위한 선택을 지속적으로 추구하고 욕망하는 '이기심'일 수 있다. 그래서 우리는 생명의 중요성은 아무리 강조하여도 부족할 수 있지만, 그것을 있게 하는 '이기심'에 대해서는 별로 관심 없이 지나칠 수도 있을 것이다. 그것은 생명의 중요함처럼 너무도 당연함이어서 늘 함께 있는 것인데도 없는 것처럼 봐주려 하지 않고 있는 것이다.

우리가 살아가는 세상에 '사랑'이라는 가치가 없으면 세상의 지속과 존재가 가능할 수 있을까 하고 따로 생각해 보지 않은 것처럼, 이기심 또한 한 번도 살펴보려 하지 않고 지금껏 살아왔을 수도 있을 것이다.

그것은 우리가 살고 있는 무대처럼 언제나 밟고 있어서 그것이 없다는 것을 한 번도 생각해 보지 못했기 때문일 것으로 본다.

그러나 살아있기 위한 생명의 본질일 수 있는 '이기심'은 남들이 추구할 때는 욕망으로 보여서 좀 절제할 수 없을까 생각했을 수도 있을 것이다. 내가 살아있기 위해서 이기심을 실현했을 경우는 살아있기 위한 조건이기 때문에 너무도 당연한 것으로 여겨 따로 살펴보려 하지 않고 지나쳐 버렸을 수는 없는 것일까?

그것은 살아있기 위한 욕망으로 그것이 생명이기 때문에, 사람들이 살아가는 데 가장 중요한 마음의 표현인 '생명의 성(性)'으로 태초부터 부여된 것이어서, 내가 있는 한 그것을 따로 나누어 생각할 수 없는 존재로 보기 때문이다. 그러나 많은 경우 자신은 그것을 당연함으로 생각하면서 남들의 그것, 즉 살아있기 위한 마음에서 실현되는 '이기심'은 여유롭게 봐주지 못하고 문제로 삼을 수 있는 서로 다름이, 함께 살아가는 모두를 불편하게 한다고 죄악시하는 것이 문제일 수 있기 때문이다.

이렇게 '생명의 성'에서 발현되는 이기심을 자신과 함께하는 생명의 본질로 보아 생각해 보지 못하고, 자기화되어 있고 생명을 담고 있는 그릇인 몸의 실체로 존재하기 때문에 잊어버렸거나 몸은 생물적 실체이고 이기심은 마음에서 비롯된 어떤 생각 같은 것으로 별개화할 수 없음에서 오는 한계일 수도 있을 것이다.

이렇게 생명이 시작되는 태아초의식에서 어머니의 사랑을 '느낌'으로 몸과 함께했다면 세상에 태어나서 어머니로부터 느끼는 지극한 사랑과 보살핌에 대해 알게 된 행복감을 오래도록 기억하고 싶은 '욕망'에서 기원되었을 수도 있을 것으로 본다. 그것은 살아있어야 그러한 시원적 행복감을 느껴볼 수 있기 때문일 수 있고, 그것은 아련한 향수 같은 결코 잊을 수 없는 마음으로 본능화되었을 수 있는 태초적 인식일 수 있기 때문이다.

결국, 생명체로 살아있어야만 '초의식'으로 설정된 모성사랑도 느껴볼 수 있고, 생명으로 존재해야만 인식으로 초기화된 모성행복도 누려볼 수 있기 때문이다. 그것은 시원의 살아있기 위한 마음의 고향 같은 것이어서 생명체로서는 잊을 수도 없고 포기할 수도 없어 늘 실현해 보고 싶은 욕망 같은 것으로, '생명의 성'과 '사랑의 성'은 스스로를 존재할 수 있게 하는 존재의 바탕이기 때문이라고 본다.

이렇게 생명의 시작인 '사랑의 성'은 함께하는 이를 불편하게 하지 않는 것에서 시작되어, 그가 행복함을 느낄 수 있게 하는 것이 사랑의 본질로 모두에게 '초기화'되어 있고, 그 생명을 존재하게 하는 '생명의 성'은 언제나 살아있음을 갈망하고 실현하는 마음인 이기심으로, 자신과 일체화되어 있기 때문에 모두에게 초의식으로 설정되어 '바탕화'되어 있다고 볼 수 있을 것이다.

그러나 사랑도 넘쳐서 상대를 불안하게 하면 그것은 사랑이 아니듯이 '생명의 성'인 이기심도 한계를 넘치면 스스로를 해치는 필요악이 될 수도 있을 것이다. 이렇게 스스로는 알 수 없는 상태로 추구되는 희망 같은 것일 수도 있는 이기심은, 통제되지 않고 한계를 넘어서까지 실현되면 모두가 거부하는 '악'의 존재로 인식될 수 있을 것이다.

▌사랑의 초의식화

사람을 살아있게 하고 살아가게 할 수 있는 본원적 사랑인 '모성사랑'은 모든 이에게 환경으로 설정되어 있어, 스스로 있는 것인지도 모르면서 삶 중에서 언제나 실현되는 '지속을 위한 사랑의 성(性)'으로 존재되는 것이다. 이렇게 어머니에 대한 모성사랑은 생명 지속과 함께 선택되는 과정 자체가 사랑의 시작으로 볼 수도 있을 것이다. 그것은 인류의 지속을 위한 사랑이 실현되고 그 사랑의 결과가 새로운 삶을 탄생시킬 수 있는 생명으로 주어져 오는 것이라면 그것도 모성사랑에서 선택된 것이어서 그러한 과정부터 사랑의 베풂으로 선택된 것으로 볼 수 있기 때문이다.

만일 '지속을 위한 사랑'의 결과를 모성이 수용할 수 없을 경우는 그러한 사랑의 결과는 실현될 수 없는 시련일 수도 있기 때문이다. 이렇게 생명 지속을 위한 사랑으로 선택되고 사랑으로 품어서 키워낸 생명이라면 그 사랑이 태어나는 출산의 환희를 실현하면서 '지속을 위한 생명'으로 삶을 시작할 수 있는 것이다. 그것은 새로운 삶의 시작이고 모두의 지속을 위한 생명이지만 모성사랑에서 품어 키운 또 하나의 나로 '지속가능을 성취'하는 것이기도 한 것이다. 이렇게 사랑은 생명 탄생으로 모두에게 '초의식'으로 심어지고 모성에서 키워진 것이어서, 존재를 인식할 수 있어지는 순간부터 늘 함께하고 느껴지는 본성적 '감성'으로 생명과 같이하는 것이 된다.

요즈음 우리의 사회적 현실을 보면 '행복은 하고 싶은데 사랑은 꼭

해야 하는가?'에는 의문이 생기는 것 같다. 사랑은 태아에서부터 느껴지는 느낌의 흔적으로 남은 감성적 바탕일 수 있어, 의식이 생기는 초기부터 느껴질 수 있는 것이어서 절대화되고 비교 불가능한 것으로 받아들여진 것이다. 그런데 행복은 출생과 동시 자신의 인식으로 각인된 모성사랑의 '이타적' 행위에 의해서 의식된, 타자의 헌신으로 받아들여진 나의 '이기적' 욕구일 수도 있기 때문이다.

태아에 대한 모성사랑은 비교 대상이 없는 혼자만의 느낌이기 때문에 크기와 범위를 가늠할 수 없는 절대화된 느낌일 수 있지만, 영아에 대한 모성사랑은 인식의 바탕 위에서 다른 누구도 보여주지 않은 모성행복으로 비교가 가능한 모성행적에서 비롯된 것이어서, 그것을 받아들이는 입장에서는 모성행복이 자신의 의식으로 '인식'된 최초의 행적성 감성에서 오는 것이기 때문일 것으로 본다.

그래서 행복은 내가 느낀 최초의 시원성 느낌과 인식으로 나를 있게 하는 바탕이기 때문에, 내가 실현한 행적이어서 그 반응이 깊고 크게 받아들여진 탓으로 의식된 '앎'의 결과이기 때문일 수 있다. 그것은 사랑은 감성일 수 있지만 행복은 행적에서 오는 지성으로 나를 판단할 수 있는 최초의 기준과 같은 것이고, 스스로 희망하는 욕구일 수 있기 때문으로 볼 수 있음에서이다. 이러한 감성적 '초의식'과 지성적 '인식'의 차이에서 오는 차별성으로 보는 것도 합리적일 수 있을 것이다.

비교가 가능해서 앎으로 인식되어지는 과정에서 모성사랑은 어머니가 행동으로 보여준 어머니의 이타적 행적으로 볼 수 있고, 모성행복으로 받아들이는 영아의 입장에서는 행복함이 얻어지는 행적으로 기억될 수 있어 이기적 동기로도 볼 수 있음에서이다. 이렇게 사랑은 행동으로 주는 것인데 행복은 받는 것으로 구분될 수 있는 행적일 수 있고, 행복의 기준은 받아들이는 사람의 마음속에 있어 그에게서는 훨씬 크게 작용했을 수도 있기 때문에, 사랑보다는 행복을 희망하는 것이 우선 될 수 있는 것이다.

그러나 행복은 살아가면서 다양하게 여러 수준에서 느낄 수 있는 것이어서, 각각의 바탕에서는 크고 깊게 느껴지기에는 부족함이 있을 것으로 보여, 생명의 기간에서 보면 사랑이 훨씬 크게 다가올 수 있을 것이다. 이렇게 사랑은 주는 것으로 이타적 행위로 볼 수 있다면 행복은 받는 것으로 이기적 욕구로 볼 수도 있어, 어느 것에 무게를 두느냐는 각자의 가치에서 판단할 수 있는 고려의 대상으로 봐야 할 것이다. 그리고 행복은 자신만의 것으로 당대에만 느낄 수 있는 행적일 수 있지만 사랑은 지속되어 다른 사람에게 영향할 수 있는 지속성이 또한 다름일 수 있을 것이다.

이렇게 행복함만을 열망한다면 사랑을 실현할 수 없어질 수도 있을 것이어서 지속을 위한 사랑이 소멸로 갈 수 있는 우려도 살폈으면 하는 것이다. 모두가 행복을 추구하면서 '지속을 위한 사랑'이 점점 줄어드는 과정이 인구절벽으로 가는 현상은 아닐까 하는 것이다.

▎ 자기평가 모순

사람들이 살아가는 과정은 '생명의 성(性)'과 '사랑의 성(性)'이 함께 나타나고 있어 기본적으로 두 가지 성(性)은, 끼리 동무처럼 서로 옆자리를 같이하는 복합적 인식의 흐름으로 볼 수 있고 이러한 현상을 '인격의 복성(複性)화'라고 할 수 있다. 이렇게 사람들의 삶에서 느껴지거나 나타나는 마음의 실현이 복성적 특성을 보이는 것은, 자의식을 확립하고 자아를 정립하는 과정에서 많은 어려움과 곤란함을 느끼게 한다.

이것은 '생명의 성'인 이기심과 '사랑의 성'인 이타성이 동시화하는 것 같아서 서로를 선택하고 계량하는 수준이, 때에 따라서 들쑥날쑥하여 혼란스럽게 할 수 있는 원인으로 작용할 수 있는 요소가 될 수 있다. 이렇게 사람들이 살아가는 데 개인적으로 복성이 발현되면 자신이 혼란스러울 수도 있지만, 함께하는 다른 사람도 비슷한 인지적 착오를 겪을 수 있어 문제가 더욱 확대될 수 있음을 참조할 필요가 있다.

그것은 서로가 생각하는 가치가 다르고 서로가 희망하는 욕구도 다를 것이지만, 이기와 이타가 동시에 발현할 수 있는 복성적 인격 때문에 상당한 갈등과 모순을 만들어낼 수 있고, 그러한 복합성 속에 같이 살아갈 수밖에 없는 사회라는 현실이 부담스러울 수 있다. 그리고 또 다른 복성의 실현으로 남성과 부성이 함께 나타나는 것과 여성과 모성도 복합되어 나타날 수 있어, '형상의 성'과 '행동의 성'도 모순적 갈등을 보일 수 있다는 것이다.

이러한 인격적 복성화는 개인적으로도 정체성에 혼란을 줄 수도 있지만, 어럿이 힘께하는 사회적 부딪침에서 오는 관계적 갈등으로도 작용할 수 있어서 더 어려울 수 있을 것이다. 예를 들어 힘 있는 자와 힘 없는 자가 함께해야 하는 관계적 문제에서 서로가 이기심과 이타심이 서로를 만족시킬 수 있게 작동할 것인가의 모순일 수 있을 것이다. 힘 있는 자가 복성적 인격의 선택 범위를 이기적 쪽에 비중을 두고 힘없는 자와 조정하려 할 때, 힘없는 자가 이기적 범위를 선택하고 똑같이 주장할 수 있을까 하는 것이다. 이러한 상황에 내몰리고 그것을 결정할 수밖에 없는 경우가 생기면 힘 있는 자의 이기적 선택이 존중될 수밖에 없는 현상을 나타낼 수 있고, 그것을 힘없는 자의 이타적 선택을 자신의 여유로움으로 가장할 수 있는 상황을 합당한 것으로 보아야 하는 것인가 하는 것이다.

사람들의 역학적 관계는 작은 차이라고 할지라도 그것이 단둘이 마주하고 있고 외부의 도움을 받을 수 없는 상태가 되면 야생 자연의 본능 같은 것이 상황을 지배할 수 있어져서, 작은 힘의 차이지만 결과는 야생의 포식자와 피포식자의 상황으로 전개될 수 있다는 것이다. 이러한 상황과 현실이 어쩔 수 없이 지속될 수 있는 관계라면 힘 있는 자의 이기적 점거는 당연한 것이 되고, 힘없는 자는 그것을 관용으로 허용하는 것이 될 수 있는 비합리적 관계가 계속되어도 그냥 그것이 합리적이라고 둘의 관계가 고착되어 버릴 수 있기 때문이다.

이러한 것이 요즈음 흔히 회자되는 '내로남불'과 같을 수 있는 것이 된다. 내가 하면 '로맨스'고, 남이 하면 '불륜'이 될 수 있는 인격의 '복성'화에서 비롯된 인격의 이중성을 당연한 것으로 받아들여지고, 그것이 사회적 '자정작용'이 상실될 수 있는 위치까지 가게 되면 힘없는 자는 생사의 어려움으로까지 밀려날 수 있고 그것을 스스로 허용한 것으로 받아들여질 수 있다는 것이다.

이러한 힘 있는 자의 당연함 같은 비합리성도 평가되지 않고 오랜 시간 관행화되면 힘없는 자의 아픔은 없는 것이 되고, 힘 있는 자는 그것의 당연함을 모두가 인정한 것으로 착각을 일으킬 수 있다는 모순이 생길 수 있는 것이다. 이렇게 사회라는 구조가 일부 폐쇄성이 있을 수 있어 힘의 관계 역할이 '돈'의 관계로 확장될 수도 있고, '권력'의 관계로도 전염될 수 있으며 '지적' 수준의 관계로까지도 오염되어지면, 그속에 함께 하는 각자 스스로의 '자기평가 모순'에 빠져들 수 있음을 경계하자는 것이다.

항상 관계라는 것은 복합성이 있고 인격도 복성화 또는 중복성화 할수 있어 범주의 선택이 여유가 있던가, 계량할 수 있는 기준이 없을 경우 작은 관계성의 차이가 많은 것에 영향을 줄 수 있는 것을 되돌아봤으면 하는 것이다. 이런 관계성의 차이는 내가 클 수도 있고 작을 수도 있는 것이 사회라는 속성이기 때문에, 그것을 내 일이 아니라고 몰라라 하는 것이 내게 어떤 영향으로 돌아올지 의문스러워서이다. 이런 것이 있었던 것을 부정할 수 있는 '내로남불'화 하는 것은 아닐까 한다.

인구절벽, 왜?

　　어떤 국가의 인구가 현재 상태로 유지되려면 평균 출산율이 2.1명을 유지할 수 있어야 그것이 가능하다고 하는데, 우리의 경우는 1984년에 2.0명 미만으로 내려간 뒤 계속 하향 추세가 멈추지 않고 있는 현실이어서, 실체적 인구절벽을 맞고 있는 것으로 볼 수 있을 것이다. OECD 회원국의 출산율 통계 발표에서도 한국이 최저기록을 보유하고 있으면서 지속적으로 낮아지고 있어, 스스로 기록 갱신을 하고 있는 것으로 발표되고 있다. OECD 회원국의 최저기록을 2016년부터 보유하고 있고 그 기록은 지속적으로 악화되어 2021년에는 출산율 0.81명을 기록했다는 것이다.

　그리고 회원국 중 출산율이 1.0명 미만인 국가는 한국뿐이라고 하는 것이 인구절벽을 실감할 수 있는 수치일 수도 있을 것이다. 이렇게 출산율이 계속 떨어지고 있는 데에서 수반되는 다른 지표들도 선행지수처럼 악화되고 있는 것이 문제일 수 있다.

국내 예식장 감소 추세를 국세청 자료에서 보면 2018년에 전국 1,013개소에서 2022년 현재 775개소로 약 24% 감소하고 있고, 서울지역 감소추세도 2018년 186개소에서 2022년 146개소로 약 22% 줄어들고 있다는 통계는, 출산율 선행지표로 볼 수 있어 암담함을 느낄 수 있을 것이다. 그리고 통계청의 자료에 의하면 혼인 건수도 2019년 22만9천여 건에서 2020년 21만4천여 건으로 그리고 2021년에는 19만3천여 건으로 약 20% 감소하는 것으로 발표되고 있어 쉽게 개선될 수 없는 현상으로 봐야 할 것이다. 이렇게 수반 동행지표들이 나빠지는 것은 어떤 계기가 있어 반등될 수 있는 기회도 생길 수 있지만, 그렇지 못한 경우도 생길 수 있어 우려될 수 있는 것도 있다. 그것은 출산과 직접관계 되는 '산부인과 전문의'의 평균 연령이 지속적으로 상승하여 필수진료과목 중 최고 수준을 보인다는 것이다.

보건복지부에서 집계한 2021년 말 기준 자료를 보면 30대가 761명, 40대가 1,538명 그리고 50대가 2,065명으로 평균 연령이 53세 이상으로 높아지고 있다는 것으로, 필수진료과목 전문의 평균 연령으로는 최상위권이라는 현상은 또 다른 문제를 야기할 것으로 보기 때문이다. 그것은 젊은 전문의가 들어오지 않으면 출산율이 개선되더라도 의료지원을 받을 수 없는 현상이 나타날 수 있어 심각한 사회문제가 될 수 있기 때문일 수 있다.

이러한 추세는 80년대 이후 가족을 줄여 잘살아 보려 하는 사회적 풍토가 여성의 경제활동을 장려하는 쪽으로 사회가치가 변화된 것의 영향으로 볼 수 있다. 이렇게 젊은 여성들이 '자본주의' 속성에 휘둘리게 되면 모성의 발현은 위축될 수밖에 없고, 그 결과가 '여성(女性)'이 강화되는 쪽으로 '생명의 성'이 지속적으로 지원하게 되어 그런 현상이 독려되고 응원될 수 있어지는 것도 인격의 복성화 현상에서 올 수 있다. 그리고 우리의 교육수준이 높아지면서 여성들의 행복추구권을 소환하는 결과도 남녀차별을 수용하는 사회적 분위기가 영향을 미친 것으로 볼 수 있을 것이다.

사회적 풍토가 가족을 줄이는 것을 허용한다는 것 자체가 '모성(母性)'을 소홀히 하도록 자극했을 수도 있는 것이어서, 여성들의 '모성 회피'가 계속 강화될 수 있어지고 그것은 결국 '모성 기피'로까지 흘러간 것이 아닌가 살펴봐야 할 것이다.

그리고 우리 사회가 앉고 있는 극심한 학업 경쟁에 따른 고통도 고려 대상일 수 있고, 취업의 어려움은 학업을 마친 이들의 또 다른 고통일 수 있어, 사랑으로 낳은 나의 분신이 겪어야 할 고통을 수용할 수 없어 거부하는 것으로도 볼 수 있을 것이다. 그리고 수반되는 스스로의 고통도 고려할 수밖에 없어 출산에 따른 사회경제적 불이익도 있지만 독박육아에 대한 개인적인 어려움도 함께 작용할 것으로 보인다.

결국, 여성들 스스로 겪을 어려움도 매우 크지만 사랑스러운 자녀들이 겪어야 할 현실 사회의 고통이, 여성을 강화시키고 모성을 위축시키도록 하는 주요 원인이 될 수 있을 것이다. 이것은 나의 분신이 추구해야 할 행복추구권과 내가 실현하고 싶은 행복의 욕망이 국가나 사회지속 가치보다 높게 보여질 수 있도록, 그들 사회가 강요한 것으로 보여 질 수 있어 또 다른 관점에서 바라보면 어떨까 한다.

그것은 우리 사회의 주요의사 결정을 남성들이 주도하고 있어 그들 스스로 우리 사회 가치를 그렇게 몰아간 것은 아닌지 살피는 지혜가 필요할 것으로 보기 때문이다. 결과적으로 인구절벽을 유도한 것은 잘 못된 의사결정을 한 그들에게 있을 것으로 보고, 그들의 의사결정 주 체는 남자들일 수 있을 것이며 사회지도층의 리더그룹이 그것을 조장 했다고 볼 수 있다는 것이다.

▎몰입할 수 있게 지원

사회지속을 위한 헌신을 '출산과 육아'로 볼 수 있고 이러한 여성들 의 희생과 봉사가 없다면 사회는 지속될 수 없는 방향으로 흘러가는 것이 인구절벽이라는 현상으로 나타나고 있는 것일 것이다. 사람들을 복성적 인격체라고 설명하고 이들 이중적 인격성이 어느 쪽을 지원하 는가에 따라, 한쪽은 '잠재'하고 다른 쪽은 '강화'되어 현실에서 보여지 는 행동화를 이룰 것으로 본다.

그것은 '생명의 성'인 이기심과 '사랑의 성'인 이타심이 동시에 나타나 고, 그중 한쪽을 선택하면 그 사람의 성품이 보여지는 현상과 같은 것 이다. 그렇다면 사회지속을 위한 기여로 남성에서 '부성'으로의 전환도 상당한 기능을 할 수 있을 것으로 볼 수 있는데, 과연 그들이 여성들의 '모성' 발현을 시원할 만큼 기여했느냐는 의문이 생길 수 있을 것으로 본다. 우리의 현실 사회 주도권을 남성들이 가지고 있는 차별성을 용인하는 풍조라면 남성들이 사회적 가치 기준을 변화시키는 역할을 스스로 자처하고 나서서, 여성들이 '모성'으로의 인격적 변화를 유도해야 할 '의무' 같은 것은 없을지 한번 살펴보는 아량이 필요할 것으로 본다.

사회적 가치가 자본의 증식을 최고의 덕목으로 본다면 여성은 경제활동을 할 수 있는 인격체로 존재되기를 바랄 수밖에 없을 것이기 때문이다. 이러한 사회적 풍토에서는 모성을 실현하기 위해 '여성'을 정지시켜 잠재화시키고 '모성'으로 전환하려는 시도가 무모함일 수도 있기 때문일 것이다. 이렇게 여성에게서 사회지속을 위한 기여를 하도록 출산과 육아라는 헌신과 희생을 바란다면 그에 걸맞는 지원이 있어야 할 것으로 보고 '모성'으로의 전이에 따른 불안과 공포를 수용할 수 있는 사회적 인식의 변화와 배려가 선행되어야 가능할 것으로 보는 것이다.

사회적 풍토가 여성을 차별하는 인식이 여전하고 가족이 늘어나는 것보다 '돈'을 좋아하는 보편적 의식이 변화되지 않으면 출산휴직의 불리함과 육아를 위한 경력단절 그리고 안정된 복직이 보장되어 있지 않고, 연봉과 승진에서 불이익을 감수하면서까지 용기를 낼 수 있을까 하는 심리적 불안과 공포도 있을 것으로 보기 때문이다.

지금까지의 우리 사회도 그리고 현재의 우리 사회 가치풍토도 아직은 이러한 여성에서 '모성'으로의 전이를 존경하고 배려하는 '소양'적 의식은 없는 것으로 보여지고 있어, '성전이'의 불안과 출산·육아의 공포를 수용할 수 없는 사회적 불리함을 감당하려 할까 하는 의문도 생기는 것이다. 그렇다면 우리 사회가 인구절벽을 해소하기 위해 무엇을 해야 할까 살펴볼 필요가 있을 것이다.

우선적으로 사회지속을 위한 '기여와 헌신'을 인정하고 존중하는 배려가 사회의식으로 '소양'화되는 것이 필요할 수 있고, 현실 사회의 가치 기준에서 여성을 포기하고 '모성'을 선택했을 경우에 생기는 경제활동의 자본적 이익을 보완해 줄 수 있는 사회적 합의와 지원이 필요할 것이다. 임신과 출산 및 육아를 위한 최소한의 기간, 즉 임신·출산 1년, 최소 기본 육아 출생 후 2년이라는 3년간의 사회적 불이익을, 여성들이 공정하다고 인정할 만한 어떤 것을 국가와 사회가 '보장'할 필요가 있다는 것이다.

그것은 남성들의 사회 안정을 위한 병역의무 수행에서 '군 가산점'을 부여하라는 의미와 비슷할 수 있을 것이다. 현재 징병에 의한 병역의무 기간이 1.5년인 것을 고려한다면 예상 '군 가산점'의 2배를 배려할 수도 있을 것이고, 인구 유지를 위한 최소 출산율인 2.1명을 요구한다면 또한 그것의 2배가 배려될 때, 그것은 가능해질 것으로 보고 또 여성들이 공정하다고 인정될 수 있다면 바람직할 것으로 볼 수 있을 것이다.

이것은 남성들이 아니면 할 수 없는 사회적 소양의 변화일 수 있고, 그것은 모든 어려움을 남자들이 수용해야만 가능할 수 있는 변화의 시작일 수 있기 때문이다. 남성들은 자신들만의 사회경제적 이익에 매

놀되지 말고, 사회지속이라는 '대명제'를 실현하기 위한 남성다운 '양해'가 필요할 것으로 보기 때문이다. 그것은 '생명의 성'인 남성으로만 존재하지 말고 '사랑의 성'인 부성을 실현하기 위한 용기를 내어보라고 권고하고 싶음에서이다. 남성과 부성은 복성적 인격체로서 함께하고 있는 것이어서 '부성'을 실현하려고 배려하게 되면 '남성'은 잠재할 수 있어져서 남자의 '생명의 성'인 이기심이 제어될 수 있어질 것이다. 이렇게 남성이 적극적으로 '부성'을 강화시키는 용기를 내면 여성들도 '모성'으로의 '성전이'를 편안한 마음으로 고려해 볼 수 있을 것으로 본다.

이것은 죽음의 공포에서 벗어나기 위해 절대자인 '하늘과 신'을 동원한 것과 같은 효과를 낼 것으로 봐서, '육아와 교육'의 두려움을 해결해주면 가능할 것으로 보는 것이다.

▎뿌리의 요람, 흙

지구상의 생명체로 살아있는 것들의 대표적인 분별을 식물과 동물로 설명할 수 있을 것이다. 대부분의 우리가 알고 있는 생명의 종을 식물로 보면 그것은 동물이 존재할 수 있게 하는 선행요건 같은 것으로 볼 수 있다.

그것은 모성을 발현하기 위해 여성이 있는 것과 같이 서로 보완적 관계로 지구환경을 대표할 수도 있을 것이다. 그러나 동물의 입장에서는 식물이 먹이 조건을 충족해주는 생존의 바탕과 같은 것일 수 있고, 다른 관점으로 비교해 보면 동물은 포식적 생물의 위치로도 보일 수 있으며 식물은 피포식 생물로 자리매김 될 수도 있을 것으로 본다.

만일 그러한 것을 인정한다면 포식자의 입장인 동물은 피포식 존재인 식물에 대해 어떤 인식이 생겼을까 하는 것이다. 그것은 포식자들이 피포식자들의 생명을 앗아가면서 조금의 느낌도 없는 당연함으로 인정하는 바탕에, 식물과 동물의 관계가 확장되어질 수는 없는가 하는 것에서이다.

그리고 식물이라는 생명체가 숲을 이루고 있어야 동물들이 살아갈 수 있는 환경이 조성될 수 있음도, 우리의 일상에서 힘 있는 자와 힘없는 자의 관계로도 사고의 폭을 확장해보면 상당한 고려점이 있을 것으로 보는 것이다. 이러한 중요한 기능을 하는 힘이 약한 자 그리고 피포식자 또는 식물이라는 생명체를 다시 보는 여건이 될 수 있을 것으로 보는 것이다.

실제 식물 종을 대표하는 나무와 숲을 보는 경우에도 보이는 것인 외형을 보고 그러한 것이 있다고 인식할 수 있는 것이나 사실은 외형을 통제하고 제어하는 것은 보이지 않을 수 있다는 것을 살피는 지혜를 가져보면 어떨까 하는 것이다.

숲을 형성하는 수목들도 잎과 가지는 멀리서 볼 수 있는 것일 뿐이고, 실제 숲에 들어가서 보면 나무 밑동인 몸체와 몸체에서 갈려 나오는 가지의 형상을 볼 수 있고, 잔가지와 숲의 색깔을 나타내는 잎은 잘 보이지 않을 수 있음도 살폈으면 하는 것이다. 그리고 몸통에서 땅속으로 내린 뿌리는 역시 그 시작점은 볼 수 있지만 대부분의 뿌리 실체

[표3] 숲을 이루는 나무의 부위별 영향

구 분	보이는 것		안 보이는 것		비 고
	멀리서	가까이서	직접 연결	간접 연결	
부위별	잎과 가지	몸 통 (나무기둥)	뿌 리	흙과 수분	수분이 없는 햇볕은 독으로 (고사)
참 고	햇볕을 경쟁 (색채와 낙엽)	높이와 굵기 (나이테 형성)	나무를 지탱하는 근거	성장의 양료 공급 근거	흙의 성질이 수분을 통제

는 볼 수 없는 것이 현실이기도 하기 때문이다.

그러나 뿌리가 몸체와 가지 그리고 잎을 지탱해 줄 수 없으면 나무는 넘어져 죽을 수도 있음을 살피는 여유를 갖자는 것이다. 그리고 뿌리가 건강하고 튼튼해야 수목의 성장과 안정이 유지될 수 있기 때문에, 보이지 않는 것을 살펴보면 새로운 것을 많이 볼 수 있는 여유를 제공하기 때문이다. 물론 뿌리의 기능이 나무나 숲에 기본적 존재의 기능을 제공하지만, 역시 보이지 않는 토양의 역할이 뿌리를 통제하고 잎과 가지의 성장과 건강을 제어할 수 있다는 것도 함께 살필 필요가 있을 것이다.

이러한 것을 살펴보는 여유와 아량은 먹이 생명인 '식물'과 먹는 생명인 '동물'의 관계도 살필 수 있지만, 포식자와 피포식자의 관계도 폭넓게 살필 수 있는 새로운 문을 열어줄 수도 있기 때문이다. 이러한 생각의 확장과 관계의 배려는 힘 있는 자와 힘없는 자 그리고 여성과 남성의 상호존재 관계를 이해하는데도 일정한 기여를 할 것으로 생각되어서이다. 우리는 지금까지 출산과 인구 문제를 여성들의 문제로만 보려했을 수도 있기 때문이고, 그러함을 유도하도록 흐름을 주도한 역할이 남성들일 수 있다는 것을 살피지 않고 있음을 성찰하면 어떨까 하는 바람도 있는 것이다.

우리 주변에서 둘레길 또는 숲길이라는 이름으로 많은 산책로가 모든 도시 주변과 주거공간에 인접하여 마련되고 있는 것도 있고 또 숲의 이해도를 높여주는 숲 해설사들의 도움도 받았을 것으로 보아, 숲과 나무의 이해 과정에서 보이지 않는 뿌리와 토양의 역할도 함께 살폈으면 하는 것이다. 숲 해설사 어떤 분께서 나무들은 "햇볕을 경쟁한다"고 하는 말을 들은 적이 있는데, 조금 더 관계적 살핌을 여유롭게 하면 수분 조건이 충족되지 않는 햇볕은 식물을 고사시킬 수 있다는 것과 그러한 수분을 오래도록 머금고 있어 생장에 유리한 조건을 제공할 수 있는 토양의 물성도 매우 중요할 수 있음에서이다.

이렇게 실제에는 보이지 않는 것들이 보이는 것을 통제하고 제어하는 현상들을 우리의 삶과 사회관계에서도 살필 수 있는 지혜가, 우리가 마주하는 현안을 이해하고 풀어낼 수 있는 어떤 것이 될 수 있음을 기억했으면 하는 것이다. 이렇게 보이지 않는 것이 보이는 것을 통제하는 과정이 우리의 행동과 의사결정을 주재하는 생각과 마음일 수 있다는 것이다. 사람은 언제나 복성이 발현되는 인격적 생명이라는 것을 모두가 살펴보자는 것이다.

▌이기의 절제 (폼페이)

생명체는 삶을 지속할 수 있어야 생명으로 인정받을 수 있다. 이것은 생명이 부여받은 숙명 같은 것일 수밖에 없다. 그래서 모든 생명은 살아남으려고 수단과 방법을 가리지 않는 것이 일반적 성향으로 볼 수 있을 것이다.

만일 살아있는 생명체가 식물이라면 살아남을 수 있는 방향으로 모든 기능적 작용을 동원할 수밖에 없을 것이고, 동물이라면 살아남을 수 있는 방법을 찾아 행동할 수밖에 없는 것이 생명의 본질일 수밖에 없다. 그러다 보니 언제나 이기적 성향을 띨 수밖에 없는 것이 생명의 보편성일 수 있을 것이다. 이러한 현상이 사람에게서 나타나면 '생명의 성'인 이기심이 지나치게 나타날 수도 있어 일정한 제어가 필요해질 수 있는 것이 '이기의 절제'로 볼 수 있다.

사람의 인격성은 '복성'으로 나타나는 것을 기본형으로 설명한 바 있음을 유의할 필요가 있다. 그리고 생명은 어떤 행위를 하게 되면 그 행동의 정당성과 타당성을 인정받으려 하는 성향이 있어, 그러함을 합리적이라고 지속적으로 주장할 수밖에 없는 것이 또한 생명의 속성일 수 있는 것이다. 이러한 속성 때문에 이기적 행동을 하면 할수록 계속 이기성이 강화되도록 지원하고 응원하는 것이 또한 본질일 수 있음을 주의할 필요가 있을 것이다. 그래서 살아남는 방법으로 행동하게 되고 지속적으로 살아남을 확률이 높은 방법을 찾고 또 그것을 실현하게 되는 것이다.

그러함의 당연성 때문에 반듯이 이기적 선택을 하지 않아도 살아남는 데 문제가 없는 경우에도 또 그러한 선택을 하게 되므로 주변의 다른 이들 즉 사회적 관계성을 함께하는 이들에게서 부정적인 평가를 받을 수 있음을 경계하자는 것도 '이기절제'의 필요성일 수 있다. 이러한 이기적 행동과 선택은 살아남고 싶은 욕망이 실현되는 것인데, 오히려 반대의 현상이 나타날 수 있어 가끔씩 성찰과 고려가 필요할 것으로 본다.

　서기 1세기 중후반에 이탈리아 나폴리 만 가까이에 휴양도시 '폼페이'가 있었고, 그 도시는 로마 귀족들의 휴식을 위한 별장으로 인기가 높았다고 한다. 그런데 어느 날 도시 뒤편에 있던 '베수비오' 화산이 폭발하여 도시 전체가 화산재에 매몰되어 많은 사람이 희생되었으며, 그 후 도시는 없는 것이 되어 전설로만 존재했다고 한다.

　그것이 우연한 기회에 도시의 흔적이 발견되어서 발굴을 시작한 것이 18세기 중엽이라고 한다. 천 년이 훨씬 넘은 신화 같은 전설이 현실로 발굴되면서 많은 기대를 했고, 발굴을 책임진 고고학자의 관심도 도시의 규모와 오래된 문명을 볼 수 있는 기대였을 것인데, 발굴하는 면적과 시간이 흘러가면서 이상한 문제가 생겼다고 한다.

　그것은 수많은 건물과 생활도구나 용품들을 찾아냈으나 생명체의 흔적이 한 곳도 나타나지 않는 현상이, 무엇을 잘못한 것이 아닌가 또는 무엇을 놓치고 지나가는 것은 아닐까 우려하게 되었다는 것이다. 그리고 찬찬히 발굴지를 되돌아보고 지난 시간의 발굴과정을 되짚어 보게 되면서 새로운 사실을 발견했고, 그것을 무심히 지났다는 것에 고고학자로서 자질을 의심했다는 것이다.

발굴 초기부터 시가지 도로라든가 주택의 내부를 발굴하면서 여러 개의 공동을 보았으나 그것이 무엇 때문인지에 생각이 미치지 못한 것을 늦게 후회하게 되었다는 것이다. 그래서 발굴팀들과 논의한 결과 공동이 발견되면 무슨 공동이고 왜 생겼는지를 확인하기 위해, 작은 구멍이 발견되고 속에 상당한 크기의 공동이 있으면, 석고를 반죽한 모르타르를 부어 넣고 석고가 굳고 난 후 발굴하는 방법으로 전환했다고 한다.

그것은 기대 이상의 결과를 가져왔고, 충진된 석고덩어리를 발굴한 결과는 사람의 모양을 하고 있는 '화석' 같았다고 한다. 그래서 모든 공동에 석고 모르타르를 넣고 조사한 결과 화산 폭발 당시 피신을 하지 못하고 죽은 사람들과 가축들의 모양을 하고 있었다는 것이다. 그리고 그러한 화석 주변에 많은 경우 금속장신구 같은 것이 발견되었고, 당시의 귀금속과 보석 같은 것이 함께 발견되는 성과를 거두었다고 한다.

그리고 발굴팀이 공동에서 죽은 사람들의 신분에 관심을 갖게 되었고, 공통적으로 대부분에서 장신구와 귀금속 등이 함께 나온 것으로 보아, 죽은 사람의 많은 숫자가 귀족이었거나 상인들이었을 것으로 추정했고, 그들이 죽을 수밖에 없었던 원인을 재물을 챙겨서 가려다 늦어서 죽은 것으로 의견을 모았다고 한다.

그러면서 가난한 사람들은 폭발과 동시 그냥 대피할 수 있었기에 살수 있었고, 부자들은 재물을 챙기려다 죽은 것이 아닌가 했다고 한다. 그렇다면 욕심이 없는 자는 살았을 수 있다는 것을 오늘의 우리가 배울 필요가 있다고 본다.

모성의 본능화

사람들이 사회라는 관계성의 굴레 속에서 살아갈 수밖에 없는 것이 현실일 수밖에 없음을 모두가 수용하고 살고 있을 것이다. 그런데 사회라는 상호적 영향을 주고받는 관계성 울타리의 범위가 좀 여유로울 수도 있고 또 좀 경직되어 있는 경우도 있을 것으로 본다. 그러한 것은 각각의 조직이나 사회 구조적 굴레 또는 얼개의 속성이 다양성을 인정하는 여유로움이 있는가에서 상당한 차이가 있을 것으로 본다. 그것은 우리가 흔히 말하는 절대성이나 '진리'를 추구하는 얼개를 가지고 있느냐 아니면 보편적 '순리'를 수용하는 굴레로 형성되어 있느냐의 다름에서 살펴볼 수 있을 것이다.

만일 절대적 진리를 높은 수준의 가치로 봐서 그러함을 지키고 따르려는 관계성 굴레를 가지고 있으면 다양성과 변화를 받아들이기가 곤

란할 것으로 본다. 그러나 살아가는 환경의 변화를 인정하고 수용할 수 있는 보편성과 다양성을, 사회라는 관계성 속에서 흘러가는 변화일 수 있다고 보고, 그러한 얼개를 인정하는 가치를 순리라고도 볼 수 있을 것으로 본다.

이러한 관계성의 얼개나 굴레는 일상생활과 경제활동에서는 순리적 흐름이 편안할 것으로 보고, 어떤 조직이나 종교성 모임에서는 그들이 추구하는 가치에 맞게 허용하고 수용할 수 있는 범위가 제한적일 수도 있는 것이 현실 사회의 관계성으로 본다.

이러한 것의 한쪽 단면으로 볼 수 있는 것이 사찰이나 사원으로, 장소적 제한을 관계성 속에 실현하는 경우가 있을 것으로 본다. 그러한 예가 출입자의 복장이라든가 갖추어야 할 행동으로 주의하여야 할 것 같은 것일 수 있다. 그러나 보편적으로 이러한 장소적 제한이 출입에 불편을 주는 것은, 남성들보다는 여성들이 좀 더 번거로울 수 있는 소지가 있을 것으로 보여진다.

물론 사찰이나 사원 등의 종교시설은 주민이나 신도들의 후원으로 운영되는 경우가 일반적일 수 있고, 후원이나 기부를 주도하는 것이 힘을 가진 남자들의 영향이 클 수 있음은 관계성이나 사회라는 구조 속에서는 불가피할 수도 있다. 이렇게 힘이 작용하는 후원자들의 편의를 제공하기 위해서인지 또는 그들이 요구해서 약간의 차이를 두는 것을 예외로 받아들이고 있을 수도 있을 것이다.

이러한 것은 보편적 종교에서도 그러할 수 있지만, 일반사회 보편의 생활에서도 여성들이 약간의 불편을 감수할 수도 있고 또 그러한 것을 수용하고 있는 것인지도 모른다. 그것은 삶에서 힘의 역학관계가 남성에 유리할 수 있는 것이 허용된다면 여성은 힘 있는 자들을 인정한다는 수용성 '양해'로 볼 수도 있을 것이다. 그러나 이러한 다름이 생긴 것에는 어떤 필요적 이유가 있던가? 그러한 필요를 사회구성원들이 동의함으로 생겼을 수 있을 것이다.

그렇다면 힘의 관계에서 약자인 여성들이 그러한 것을 인정했다고 하더라도 장소의 출입적 제한이라든가 관계적 교류의 장소에서 복장의 제한을 두는 것은, 힘의 관계로만 수용하기에는 형평성의 문제로 보일 수 있다. 왜냐하면, 여성들은 모두의 어머니일 수 있는 '존경과 사랑'을 실현하는 상징성도 있기 때문에, 어릴 때부터 어머니의 보살핌과 사랑을 받으면서 행복함을 느껴보았기에, 그러한 모성사랑의 향수와 힘의 역학관계를 서로 바꾸어도 될 것으로 봐서 그러하다.

그렇다면 다른 어떤 것이 그러한 작용성에 영향을 주었다고 볼 수 있어 그것이 무엇일까 궁금할 수도 있을 것이다. 여성과 남성이 다른 것은 힘의 관계에서 다름과 어머니라는 '모성본능'만 다를 수 있고, 그 외는 특별히 구분할 수 있는 것이 없어 보여서이다. 자신들을 있게 하고 사회가 지속될 수 있도록 하는 모성은 존경하여야 되는 가치로 봐야 하는데, 왜 그 다름에 차별을 두려 했을까는 '모성본능', 즉 출산과 육아를 사람들만의 '가치'로 특정할 수 없다는 것일 수도 있을 것이다.

물론 모성을 존중해서 경배해야 한다면 강한 자가 약한 자를 우러러 봐야 한다는 것인데, 그것을 받아들이기가 불편하여 변명거리를 찾았을 수도 있다. 우선 힘 있는 자가 존경받아야 하는데, 반대로 힘없는 자를 존경해야 하는 현상은 자연의 야생질서에서도 허용될 수 없는 본질적 문제일 수 있고, 질서가 역전되면 혼란을 수습할 수 없는 당위성도 있을 것으로 본다. 그러나 그것보다 더 근본적인 것은 '모성실현'이 굳이 존중받아야 하는 것인지에 대한 의문일 수 있다.

그것은 '사람만 모성이 있고 출산과 육아 그리고 보살피는 사랑을 실현하는가?'일 것이다. 그것은 '모든 짐승과 새들도 새끼를 낳고 길러내는 것이 자연의 순리일 수 있는 것을 굳이 별나게 구별해야 하는가?'라는 질문일 수도 있을 것이다. 결국, 모성을 '본능'으로 보아서 짐승의 '본질'과 구분할 수 없는 우려를 경계했을 수도 있을 것이다.

그러함의 표현이 어떤 소수 부족의 풍습에서도 있어 여성이 생리 기간이 되면 집에서 나가 가까운 움막 같은 곳에서 머물다가 생리 기간이 끝나야 집으로 들어올 수 있는 사례가 비슷할 것으로 볼 수 있을 것이다.

▌너무도 당연하면 없는 것으로

세상을 사는 모든 사람들은 모성사랑과 모성행복이 '초의식'으로 '바탕화'되어 있어, 그것이 있는 것인지조차 알 수 없는 상태로 살아갈 수 있을 것이다. 그리고 모성사랑은 모든 동물의 새끼들이 느끼는 본질적 감성으로 정서적 바탕을 형성하고 있어 그런 것이 있다고 감지하는 것 자체가 모순일 수도 있다. 그것은 누구에게나 있고 모든 야생의 동물에게도 있는 것으로 인식되어 버리면 그것은 그냥 우리가 밟고 사는 지구환경과 같은 것이 되어 감각하고 있는 것이 오히려 불편할 수 있어, 없는 것으로 인식될 수 있으면 살아가는 데 편리할 수 있겠다고 생각할 수도 있을 것으로 본다.

이렇게 삶의 바탕이나 무대처럼 되어버리면 그것을 감지하고 늘 갈무리되고 있는 의식이라고 생각하는 것 자체가 낭비일 수도 있어, 자연의 주의력을 분산시키는 기능을 할 수 있게 되어 생존에 불리하게 작용했을 수 있을 것이다. 만일 그런 것이라면 없는 것이 살아가는데 유리할 수 있고, 그러한 욕구 때문에 의식의 바탕에서 사라져 버렸는지도 모르고 또 없는 것으로 인정해 버리면 힘의 질서가 우선되는 야생에서는 합리적이라고 힘 있는 자들이 '망각화'를 강요했을 수도 있을 것으로 본다.

그것은 힘 있는 자들의 기득권을 지키는데 유리할 수 있고 또 그러한 것을 보편적 가치로 의식화시키면 힘이 지배하는 야생의 본능이 오히려 질서 정연해져서 번거로움이 사라지는 효과를 나타낼 수도 있을 것이다. 사람들은 복잡한 것이나 번거로운 것 그리고 새로운 생각을 해야 하는 것을 불편해하는 경향이 있어, 좀 불합리할 것 같아도 깔끔하고 쉽게 이해될 수 있는 것을 편안해 해서 그렇게 합의하고 동의 되었을 수도 있다. 그러한 발상은 피포식자로서 생각을 해야 할 여유가 없을 때는 매우 유용할 수 있을 것으로 본다.

그러나 불을 이용할 수 있어지고 불의 두려움이 여러 가지 편리함과도 서로 관계되어 있다는 것을 알고부터는, 무서운 것을 이겨내고 나면 많은 편안함이 올 수 있다는 것도 알게 되었다. 그것은 꼭 쉽고 편리한 것이 좋은 것만은 아니고 좀 어렵고 불편할 수 있는 것도, 잘 이용하면 예상외의 편안함과 행복감을 줄 수 있다는 것을 알게 되고부터는 변화가 필요해졌기 때문이다. 그것이 최고 포식자로서 야생의 최상위 질서를 조정해 내고 또 강요할 수 있어지는 상황에서는 다르게 생각해볼 필요가 생겼기 때문이다.

과연 단순하고 받아들이기 쉬운 힘의 질서만이 번거롭지 않고 쉬울 수 있어 그것이 모두에게 좋고 나도 좋을 수 있는 것인가 하는 것이다. 사람들이 느끼고 있는 '모성사랑'을 '모성본능'으로 여겨서 야생동물들의 번식기능과 같은 것으로 취급해도 인격이라는 존엄에 손상이 없을 것인가 하는 것이다. 그렇다면 '사람은 동물과 달라야 한다고 도덕과 윤리를 도입하고 하늘과 신의 도리에 순응해야 한다는 신앙적 논리를 도입한 사회공동체의 규범적 질서를 어떻게 받아들여야 할 것인가?'이다.

사람은 야생의 본능적 행동을 하는 것을 통제하는 것이 하늘의 질서일 수 있고 그것이 절대자인 신의 희망일 수 있는데, 동물적 본능과 인격적 본성이나 천성을 같은 것으로 비하해 버리면 모든 것이 뒤죽박죽되어 야생의 질서도 사람의 규범도 아닐 수 있음을 우려한다는 것이다. 모성사랑의 높고 깊은 희생과 헌신을 야생의 번식과 비슷한 것으로 이해시켜 버려서 모성을 본능화해 버리면 그것은 모든 동물에 있는 생명적 본능과 같은 것이 될 수 있어 사람의 존엄을 인정할 수 없다는 것과 같은 것이 될 수도 있는 것이다.

그래서 이러한 착오를 일으킬 수 있는 혼란을 정리하기 위해, 생명의 시작을 숭고한 어머니의 '사랑'에서 출발하는 '인격'이라는 것을 모두의 '소양'으로 인식시켜야 하는 양식이 필요할 것으로 본다. 사람의 '모성 사랑'은 본능이 아니고 어머니가 '사랑'으로 선택하고, 그 사랑의 결실로 이루어지는 '생명의 존엄'에서 얻어지는 '인격성'이라는 본질을 이해할 필요가 있다.

사람들은 '문자'라는 문화적 수단을 가지고 있는 것을 '다름'으로 인정해서 동물적 본능과 모성사랑을 구분할 수 있어야 하고, 힘의 질서를 요구하는 사람들로부터 야생의 본질에서 벗어나서 '인격'이라는 문화적 소양을 생활 질서로 받아들일 수 있는 아량을 가져볼 것을 권고하는 것이 합리적일 것으로 본다. 과연 모성사랑을 모성본능으로 보아 없는 것처럼 당연시하는 것이 옳은 것인가? 그리고 하늘의 질서와 종교적 신앙의 진리에서도 수용될 수 있을 것인가?

그렇지 않다면 문자의 힘을 빌려 합리적 '순리'로 받아들이려는 여유를 갖는 것도 좋을 것으로 본다. 모성을 야생본능의 자연 질서로 받아들이지 말고 우리 모두를 길러낸 '사랑과 헌신' 그리고 '희생과 봉사'에서 비롯된 인류 최고의 가치로, 모두의 '초의식'으로 설정되어 있는 '인류애'의 뿌리로 '소양'화해 보자는 것이다.

▎모성의 여성 예속화

사람들이 '생명의 성'과 '사랑의 성'이 함께하는 복성적 인격체라는 것을 알고 인식의 개념으로 받아들이는 것도 인문의 확장으로 볼 수 있고, '여성'과 '모성'도 함께하면서 서로 교차반응 할 수 있는 복성적 개념을 인정하고 존중해 줄 수 있는 것이 인문을 풍요롭게 할 수 있을 것이다. 이러한 복성적 인격의 발현을 인정하는 것 그리고 그러한 복성적 마음가짐이나 가치관이 서로 교차되면서 생기는 현상을 '인류의 고뇌'라고 볼 수 있을 것이다. 이러한 인격성의 중복을 모르고 살거나 그러한 것에 관한 소양이 부족하다면 그것 또한 인문의 결핍에서 오는 혼란이고 그것이 우리를 고뇌할 수 있게 할 것으로 본다.

이렇게 '사랑의 성'인 이타성과 '생명의 성'인 이기성이 함께 있으면서 어떤 사안별 필요에 따라 서로 교차 반응할 수 있는 것이 복성적 인격의 보편성일 수 있는 것이다. 이렇게 둘 또는 둘 이상의 복성과 중복성으로 나타날 수 있는 인격적 품성을 어느 하나만 선한 것으로 그리고 다른 쪽을 악한 것으로 분류해 버리면 인문적 소양이 편협해질 수 있을 것으로 본다. 모성사랑이 발현해서 모두에게 모성행복을 느낄 수 있게 해주는 인문적 본성을, 여성이라는 틀 속에 가두어서 모성을 여성에 예속시켜 버리면 여성의 본질이 '강화'되고 모성적 인성이 '위축'되어서 모성을 잠재할 수 있게 하고, 그러함의 결과가 모성을 회피하는 현상이 될 수 있을 것이다. 이러한 상황으로 몰아갈 수 있는 사회적 가치를 인문의 결핍에서 오는 가치관의 혼란으로 볼 수도 있을 것이다.

그러함의 바탕에는 힘에서 우위를 차지하고 있는 남자들이 여자에 대해서는 자신들의 권위를 주장할 수 있을 것이나 어머니에게서까지 같은 주장을 하기에는 명분이 약할 수 있기 때문이다. 그리고 그들은 남자들끼리의 질서에서 힘의 우위가 그들 삶을 지탱하는 질서적 기반이 될 수 있는 힘 있는 자의 만용을, 여성들에게도 정당화하고 싶은 그러한 관성적 습관이 모성과의 비교에서도 실현하고 싶은 것이 본능적 자연 질서라고 받아들여지기를 바라는 것일 수도 있다.

이러한 인문적 소양의 결핍과 가치혼란에서 오는 현상을, 모성을 본능화해서 모든 동물의 보편적 성향으로 그리고 자연의 질서로 인식할 수 있게 해서, 힘의 우위를 통해 그것을 합리화시키려는 시도로 볼 수도 있을 것이다. 이것은 야생의 질서가 힘의 우위를 정의로 인정하고 있는 것을 빌미로, 힘의 정의가 오용되고 있는 현상을 관성적으로 받아들이고 싶음에서 약간의 기만성을 숨기고 싶었는지도 모른다. 그것은 모성을 존중할 수 있는 것처럼 여성도 존중할 수 있다는 사랑의 표현이 2세를 위한 착한 기만에서 왔다고 양해받고 싶은 것도 있을 수있을 것이다.

그러나 그것의 본질은 변하지 않은 것일 수 있어 힘의 우위를 보편화해서, 힘이 정의라고 믿게 하고 싶고 그래서 힘의 오용을 정당화하려한 것은 아닐까 생각해 본다. 이러한 정의의 오용과 착한 기만이 모성을 본능화해서 약간의 비하를 힘으로 밀어붙이면 여성은 하대가 가능할 수 있고 모성의 존중도 기피할 수 있는 적당한 얼개를 형성하고, 그것을 자연의 질서라고 설명할 수 있는 설득이 가능해질 것이다.

모든 남자들도 어머니를 존중하는 데는 동의할 것으로 보는데, 성년이 되고 힘의 질서를 스스로 활용할 수 있어지면 너무도 당연한 모성을 없는 것으로 잊어버린 것은 아닌가 싶다. 모두를 있게 하고 모두의 초의식으로 바탕화한 '모성사랑'을 존중할 수 있어지면 2세를 위한 사랑의 표현도 자기기만에서 벗어나 가슴속의 사랑으로 담아질 수 있을 것이다. 이러한 인문적 소양을 보편적 사회가치로 받아들이면 여성존중이 실현될 수 있어지고, 그것이 또한 모성의 숭고함을 인정해 주는 모두의 인성적 바탕으로 자리 잡을 수 있을 것이다.

이러한 사회적 인식의 변화를 인문적 소양이라고 할 수 있을 것이고, 현대사 우리 사회가 놓치고 지나온 남녀차별도 합리성이 결핍되어 있다는 것을 새롭게 인식할 수 있어지면, 그것이 인구절벽을 해소할 수 있는 사회적 교양으로 인식되어져서 사회지속을 위한 합리적인 변화를 이끌어줄 것으로 본다. 플로레스 섬의 '리오족 남자들이라면 모성을 여성에 예속시켜 없는 것으로 당연화할 수 있었을까 하는 것이다.

그것은 사회적 가치로 인문적 소양으로 우리가 포용하지 못한 '모성사랑'의 본질을 몰라서 겪는 어리석음인지도 모른다. 만일 모성을 부인하고 여성으로만 존재하면 어떤 현상이 생길까? 힘의 오용이 지속화되면 모성은 위축될 수밖에 없고, 여성이 강화되는 복성적 인격체를 인정한다면 우리 사회 남성들이 어떤 선택을 하는 것이 남자들에게 유리할 수 있을까 살펴보자.

▎선악과의 원죄

　인류가 역사시대라고 해서 문자로 그들의 삶을 기록할 수 있어지면서, 여러 흔적에서 여성차별의 기록들이 남아있는 것으로 볼 수 있다. 물론 문자가 없었던 선사시대에는 당연할 수 있고, 원시시대로까지 확장하여도 남녀차별 문제는 일상화 수준이 아닌가 한다. 그것은 힘이 지배하는 야생의 본능에서는 불가피했을 것이고, 농경시대에 접어들어서도 지속될 수밖에 없는 것이 힘으로 모든 것을 해야 하는 땅과의 투쟁이었기 때문으로 볼 수 있다. 물론 유목부족의 경우 먼 거리를 가축과 함께 이동해야 하고, 맹수들로부터 가축을 보호하려면 강력한 힘을 가진 남자들이 아니면 불가능했을 수 있기 때문이다.

　이러한 생업에서의 불평등이 차별을 강화시킬 수 있는 명분을 제공했을 것이고, 주변의 자연환경인 야생에서도 힘의 질서는 변할 수 없는 자연의 질서로 받아들여졌을 것으로 본다. 그리고 근현대 사회로 오면서 민주적 투표권의 부여와 교육의 접근성에서도 차별은 오랜 시간 지속되었다고 봐야 하기 때문으로 볼 수 있다.

　이러한 차별은 아직도 많은 지역에서 종교적 문제로 또는 문화적 사류로 혹은 부족 정체성의 바탕에서도 나타나고 있음을 부인할 수 없을 것으로 본다. 이러한 뿌리 깊은 차별이 문화라든가 문명 또는 문자가 없는 선사시대에는 지성적 판단이 부족하여 어쩔 수 없었다고 봐도, 문자에 의한 기록에 의해서 지성적 바탕이 무한히 확대될 수 있는 역사시대까지도 끊임없이 지속되고 있는 것을 보면 또 다른 어떤 것이 있을 것으로 보여진다.

그렇다면 여성 낮춤의 뿌리가 어떤 형식으로 현재까지 남아서 그것이 정당화되고 있는 근거가 있을 것으로 보는 것이 합당할 수 있다. 우리는 그러한 것의 한 부분을 '선악과'라는 태초의 신화에서도 찾아볼 수 있을 것으로 본다. 태초에 인류가 존재할 때 선악을 구별할 수 있는 능력을 가진 과일이 있었는데, 그것을 여자가 따서 남자에게 주었고 그 과일을 먹고 나서 '시련이 시작되었다'는 것의 원인 제공을 여자가 했다는 논리에서, 삶의 고통과 시련의 설움을 '선악과'에서 유래했다고 할 수 있는 신화적 바탕과 그 원인을 제공한 여자의 잘못으로 보아, 그 가벼움의 행위를 경계하기 위해 약간의 차별은 있을 수 있다는 논리를 인정했을 수도 있을 것으로 본다.

그러나 그것도 힘 있는 남자들의 지배욕 강화를 위한 욕심에서 신화적 내용이 '와전'되었을 수 있는 여지는 없을 것인가도 살펴보는 지혜가 필요할 것으로 보는 것이다. 사람들은 누구나 실수도 할 수 있고 잘못된 판단으로 착오가 생겼을 수도 있는 것을 서로가 조금씩 양해할 수도 있을 것으로 보기 때문이다. 모든 질서를 힘을 가진 남자들이 지배하고 있는데 굳이 실수로 볼 수 있는 약점을 잡아, 사람들이 살아가는 과정에서 생기는 고통을 그러한 실수에서 왔다고 몰아세우는 것이 합리적일 수 있을까 하는 의문도 있는 것이다. 이러한 '원죄론'에 의해서 신화가 현실 사회의 가치로 들어와 버리면 그것을 누구도 거부할 수 없는 사실로 받아들여야 하기 때문일 수 있다.

이렇게 여성을 낮추므로 해서 모성도 함께 품격이 낮아질 수밖에 없는 것이어서, 모성사랑의 높은 숭고함을 이해할 수 없게 하는 인식의 혼란이 생겨버린 것은 아닌가? 우려되는 것이다. 모든 사람의 초의식으로 설정된 사랑과 행복이 어머니의 헌신적 희생에서 온 것임을 알 수 있어도, 그것이 '원죄론'의 경계 대상인 여성을 바탕으로 시작되었을 수 있다고 감히 설득할 수 있을까 하는 것이다.

모성사랑에서 왔을 가능성을 의심할 수밖에 없는 변혁들로, 지동설이 보편적으로 인정되고 있는 것과 진화론 또한 많은 과학자들이 받아들이고 있는 가능성을 보면 신화적 절대성보다는 보편적 순리에도 귀 기울여 볼 여지가 있을 것으로 보기 때문이다. 만일 사랑이라는 가치가 모든 사람들의 초의식 속에 바탕화되어 있는 것을 인정할 수 있다면, 그것은 힘 있는 자의 배려에서 존재하는 것이 힘의 질서일 수 있다.

사랑이라는 느낌이 모두의 가슴에 흔적으로 남아있을 수 있고, 그것이 누군가에 의해서 주어질 수 있는 것이라면 그것은 당연히 힘 있는 자가 소유하고 있어야 하고 그것을 줄 수 있는 권한도, 최고의 힘을 가진 자가 부여하는 것이 보편적 논리에 부합될 수 있을 것이다.

당연히 좋고 옳은 것은 힘 있는 자의 것이어야 질서의 혼란을 막을 수 있는 배경적 논리일 수 있을 것으로 본다. 만일 옳고 좋은 것을 힘 약한 자가 가지고 있고 나누어 줄 수 있다면 힘 있는 자의 존재가 부정될 수밖에 없는 것이 또한 순리로 보아야 할 것이다. 그래서 절대자인 신에게 헌납해서 힘 있는 자들의 권위도 인정해 주고 신화의 질서도 지속될 수 있도록 하는, 모성사랑의 실현을 절대자나 하늘의 영광으로 돌리는 순리도 가능하게 했을 수 있을 것이다.

모성을 포기하면

우리가 살아가는 세상은 세대별 또는 연령별 성비가 비슷할 때 양성의 균형을 반영할 수 있고, 그러함을 배려하려고 도입된 가치가 '음양론'일 수 있다. 음양론은 쉽게 보면 밤과 낮의 안배 같은 것일 수 있고 불과 물의 관계일 수도 있을 것이며, 남녀의 성별에 관한 것으로도 볼 수 있을 것이다. 남녀성비가 배려되고 음양의 이치를 실현하고자 하면 양성이 공히 가지고 있는 본성적 성품일 수 있는 '부성'과 '모성'도 함께 배려되고, 고려되어야 가능할 수 있을 것으로 보는 것이다.

유교적 풍습으로 가문의 승계가 중요한 가치로 한 시대를 지배해 버리면 출산율이 낮아지고 있는 상황에서는 남자의 숫자는 많아지는 것이 당연시될 수 있고, 여자의 출생은 줄어들 수밖에 없는 것이 순리일 것이다. 우리 현대사의 출산율이 1975년 3.5명에서 1985년 1.66명으로 줄어들었다면 남녀출생 성비가 심각한 상황일 것은 모두가 알 수 있을 것이다. 이러한 불균형이 2021년도 출산율이 0.81명으로 줄어들고 있는 상황에서는, 여성은 귀한 대접을 해주어야 하는 현실적 문제가 발생할 수밖에 없을 것이다.

그런데도 여성차별은 변함없이 지속되고 있고, 사회적 가치가 가족보다는 경제적 윤택함을 높게 봐주는 사회적 분위기에서는 여성이 돈을 벌어서 차별을 완화해 보려는 쪽으로 흘러가는 것이 보편적 선택으로 봐야 할 것이다. 그렇다면 지속적으로 출산율이 악화되는 풍조가 한 세대를 넘어 두 세대까지로 지속적으로 확대되는 것은, 일종의 트렌드(trend)를 지나 사회적 가치의 변화가 실현되고 있는 것으로 볼 수 있고, 이러한 현상을 우리 사회의 문화로 봐야 할 것인가 우려될 수 있다.

그러나 이러한 사회가치 변화를 주도하고 지원할 수 있는 사람들은 힘을 가지고 있고 의사결정을 할 수 있는 남자들로 봐야 할 것이다. 그렇다면 여성들이 모성의 실현을 회피하다 못해 기피하는 상태로까지 사회적 가치를 오도했다면, 그것을 가능하게 할 수 있는 힘과 능력도 그들이 가지고 있다고 보는 것이 합리적일 것으로 본다. 물론 모성이 발현되려면 부성도 그에 합당한 자기만의 도리와 역할을 해야 할 것은 누구나 인정할 것으로 본다.

남성들의 부성 실현이 여성들의 입장에서 수용할 수 있을 만큼 확대되고, 그러한 풍토를 여성들이 신뢰할 수 있는 수준으로 여건이 무르익어야 변화의 가능성이 현실화할 것으로 본다. 남성들이 부성 실현을 주저하여 여성들이 모성을 기피하다 못해 포기하여 버리면 어떤 현상이 발생할까? 한번 생각해 보면 좋을 것으로 보인다.

양성의 한쪽을 담당하는 여성들이 모성을 포기하면 인구가 급격히 줄어들어 가는 '인구절벽'을 맞을 수 있을 것이고, 그것이 더욱 진행되면 사회경제적 활동인구가 감소하면서 생산성이 낮아질 수밖에 없을 것으로 보고, 그것은 세입감소와 재정 불균형을 가져와 국가의 유지가 어려울 수도 있을 것이다.

그러한 선행지표와 비교자료가 통계청의 2022년 사회조사에서 나타나고 있다. 결혼에 대해 '반드시 해야 한다'와 '하는 것이 좋다'고 생각하는 미혼남녀는 30%에 불과한 것으로 조사되었고, 특히 여성은 10명 중 2명 정도에 그쳤다는 조사결과는 그의 모성 포기 쪽으로 가고 있다고 보여진다.

[표4] 미혼 남녀가 결혼을 하지 않는 이유(%)

구 분	결혼 자금 부족	필요성을 못 느껴서	고용 상태 불안	출산·양육 부담	상대를 못 만나서	자유를 포기하지 못해서	일·결혼 병행이 어려워서
남 자	35.4	15.2	13.4	9.3	11.3	8.4	4.7
여 자	22.0	23.3	7.7	12.5	11.9	11.2	9.1

그리고 결혼을 하지 않는 이유 중에서 남성보다 여성이 높은 쪽을 살펴보면 남자들이 부성 실현을 위해 무엇을 할 수 있을지를 가늠해

볼 수 있게 한다. 우리의 현실은 인구절벽을 넘어서 '사회소멸'로 진입한 것이 아닌가? 우려될 수 있을 것으로 보는 지표가 지방소멸 가능성일 수 있다. 도시권은 잘 못 느낄 수도 있을 것이나 농촌과 시골은 급격한 인구감소 그리고 학령아동 감소로 많은 학교가 통폐합되거나 폐교로 가고 있는 현실을 직시할 필요가 있다.

이러한 추세를 방관할 경우 군대가 필요 없어질 수 있고, 남자가 불필요해질 수 있을 것이다. 과연 무엇이 먼저고 소중할 것인가? 남자들이 '군 가산점'에 대한 관심을 부성을 실현하는 쪽으로 바꾸어볼 때가 된 것 같다. 어떤 이들은 여성의 모성기피를 인구밀도 스트레스 때문에 오는 조정과정일 수 있다고 하는데 그것이 합리적일 수 있을까? 정부는 인구감소에 대비하기 위해 '이민청'의 설치를 검토하는 단계라고 하면, 오늘 당장을 보지 말고 지나온 어제를 살펴볼 수 있는 지혜가 필요할 것으로 본다.

❚ 생각의 요람 마음

사람들을 살아가게 하고 행동하게 하는 바탕에는 마음이 작용하고 있을 것으로 본다. 어떤 행동을 하더라도 마음에서 흔쾌히 동의하지 않으면 그 불편함을 다른 이들이 알아차렸을 수 있을 것이다. 이러한 마음의 움직임이 여유롭고 삶이 풍성할 때는 '생명의 성'인 이기심보다 '사랑의 성'인 이타심이 작용할 가능성이 높을 것이다. 그러나 모두의 삶들이 각박해지면 '사랑의 성'은 잠재할 가능성이 높아지고 '생명의 성'이 강화될 수밖에 없는 것도 또한 세상 돌아가는 이치일 수 있다.

우리나라 인구구조에서 많은 비중을 차지하는 '베이비부머' 세대들이 대부분 정년을 맞고 있어, 그들의 노후가 여유로울 수 있을까 하는 우려도 결국은 모두의 마음에서 영향받을 것으로 본다. 그리고 그들 세대의 자녀들로 그들을 봉양해야 하는 현재의 젊은 세대들이 취업전쟁을 겪고 있는 것을 살피면, 사람들의 삶이 생각 같을 수는 없을 수도 있다. 사람들을 움직이게 하고 행동을 결정하는 것들이 각자의 생각과 마음일 수 있을 것이다. 그러나 그들의 삶이 이웃을 살필 수 없는 경우라면 생각이 합리적이라고 하는 선택보다, 마음이 허용하는 쪽으로 결정될 수밖에 없을 것이다.

최근 발표된 경상북도의 2021년 사회지표조사의 일부를 보면, 부모부양 책임자로 57.7%가 '부모 스스로'라고 답했다고 한다. 그라고 '모든 자녀'라고 응답한 사례가 15.5%라고 한다. 이렇게 사회가 각박해지면 생각으로 옳음을 선택하는 경우보다 '생명의 성'인 이기심이 먼저 움직여서, 자신의 삶을 지속하는 데 유리한 결정을 할 수 있는 것이 마음일 것이다. 이렇게 생각을 통제하는 바탕에 마음이 우선할 수밖에 없는 것이 생명이라는 속성일 것이다.

생각으로는 당연히 부모의 부양을 자녀들이 하고 싶지만, 그것이 불가능할 경우에는 생각의 영역인 사회적 가치라든가 도덕이나 윤리 쪽보다는 현실의 생존을 선택하는 것이 또한 복성적 인격의 한계로 볼수 있을 것이다. 우리 사회가 안고 있는 출산율 문제도 여성들의 생각에 의해 움직이는 것이 아닐 수 있고, 남성들의 마음에서 유발되는 문제일 수도 있을 것이다. 남자들의 마음이 변하지 않으면 여자들도 마음의 변화가 불가능할 수 있는 영역으로 생각의 방향이 정해져 버린 것으로 볼 수 있을 것이다. 이렇게 사람들을 움직이게 하는 바탕에 생각과 마음이 있을 것이나 생각을 담고 있는 그릇의 크고 작음을, 마음이 통제하는 이기심이나 이타심이라는 영역에서 제어되고 있음을 알 필요가 있을 것으로 본다.

세상이 돌아가는 이치를 몸으로 겪은 연륜이 높은 분들의 가벼운 표현을 보면 "마음은 항상 이팔청춘"이라는 푸념 같은 것도 있고, 젊은 사람들의 뒷얘기 같은 표현으로 "생각은 꼰대"라는 말들에도 생각이 담겨있을 것으로 본다. '생각이 꼰대 같다'는 표현은 '생각이 늙을 수 있다.'라는 말로 들릴 수 있을 것으로 보고, '마음은 청춘'이라는 넋두리에는 '마음은 늙지 않는다.'는 의사표현을 분명히 한 것으로 보인다.

그렇다면 '마음은 늙지 않고, 생각은 늙는다.'라는 간결한 속성을 가지고 있는 것으로 볼 수 있을 것이다. 이러함을 바탕으로 생각을 확장해 보면 생각은 사람과 함께 늙어갈 수 있다는 의미에서 '생각은 내 것일 수밖에 없는 것'으로 볼 수 있고, 마음은 늙지 않는다고 하는 항변에는 '마음은 내 것일 수 없다'는 가능성을 주장했다고 볼 수 있다.

어떤 철학자가 "나는 생각한다. 고로 존재한다."라고 한 명언이 그것을 잘 표현했다고 볼 수 있을 것이다. 그렇다면 생각은 내 것이 분명할 수 있는데 마음은 조상의 것이고, 초의식으로 물려받은 것이 아닐까 살펴봐야 할 것이다. 그것은 마음을 담고 있는 몸을 조상으로부터 받앉기 때문일 수 있고, 태어날 때 '초의식'으로 어머니에게서 물려받았을 수 있기 때문이다.

숲을 형성하고 있는 나무들도 잎의 무성함과 가지의 번성을, 보이지 않는 뿌리와 뿌리를 담고 있는 토양이 성장과 건강을 통제하는 것처럼, 사람들의 말이나 행동들도 보이지 않는 생각과 마음이 제어하는 것으로 볼 수 있다.

[표5] 보이지 않는 것이 보이는 것을 통제한다

구 분		확인 가능 (보고, 듣고)		확인 불가능 (추정)		비 고
숲		잎과 가지	나무 몸체	뿌 리	흙과 수분	수분 통제, 흙
사 람		말, 행동	행적, 품격	생 각	마음과 사랑	사랑 제어, 마음
참 조	나 무	색깔, 낙엽	목 재	나이테	보이지 않는 것이 존재하게 한다.	햇볕과 이기심
	사 람	부인 가능성	행 적	경 륜		

바꾸어 생각해 보면 숲에 가면 보이는 잎의 색채라든가 나무 몸체의 멋짐만을 보려 하고, 보이지 않는 뿌리와 그것을 품고 있는 흙은 생각해 보려 하지 않는다는 것이다. 물론 사람들도 그가 하는 말이나 행동에는 잘 반응하지만 그렇게 행동하도록 제어하는 생각과 마음은 살피지 않는다는 것이, 나무의 속성과 사람의 환경에서 참고해 볼 것이 있을 것으로 본다.

나무들도 세월이 흐르면 '나이테'라는 모양으로 지나온 과거를 담고 있지만, 사람도 그의 행적이 쌓여 경륜이라는 인격과 품위를 보여주는 것도 비교될 것으로 본다. 결국, 나이테를 보고 그 나무의 성장환경을 추정할 수 있듯이 그 사람의 행적이 쌓인 경륜이 그 사람의 성장환경과 삶의 가치를 돌아볼 수 있게 할 것이다. 평소의 행적이 쌓여 나이테를 이룬 것을 경륜이라고 함도 같은 의미일 것이다.

▎르네상스의 자신과 마음

우리 현실 세상의 문명의 흐름이나 문화의 향유가 서구 유럽을 바탕으로 하는 거대한 문화의 흐름 속에 스며들어 있고 또 그러한 논리 속에서 모든 것을 풀어내려 하는 어떤 형식이나 형상 같은 얼개가 생긴 것은 아닌가 싶다. 이러한 서구 문명의 시작도 십자군 전쟁을 치르면서 신의 능력에 제한이 있을 수 있다는 생각을 하게 되면서, 보이지 않는 것이 보이는 것을 제어할 수 있다는 새로운 시각이 생겼을 수 있을 것으로 본다. 그것은 천여 년 이상을 '절대자인 신'의 영역에 모든 것을 의지하고 현실의 실제적 흐름인 순리를 보려 하지 않은 자기반성의 결과일 수 있을 것이다.

이렇게 보이지 않는 것이 보이는 것을 제어하고 통제할 수 있다는 관점의 변화는, 보이지 않는 것을 볼 수 있게 하는 성찰을 할 수 있게 했고, 그것이 지혜라는 것을 새삼 다시 보는 기회가 될 수 있었을 것으로 본다. 이렇게 보이지 않는 것을 볼 수 있게 하는 능력을 슬기라고 할 수 있을 것이고, 그러함을 표현한 것이 '사피언스(sapience)'일 수 있을 것이다.

자연재난에 의한 죽음의 두려움과 맹수들로부터의 공포를 벗어나기 위해 '하늘'이라는 무한의 가능성과 절대자라는 '신'을 도입하여 안정을 가져왔다면, 불이라는 죽음의 뜨거움 뒤에 모든 맹수를 제압할 수 있는 새로운 가능성을 찾아낸 그들의 능력 또한 슬기로운 '사피언스'라 볼 수 있을 것이다. 이렇게 지혜로워지고 슬기로워지는 과정을 실현해 내는 현상들을 그들은 '문예부흥 운동'이라고 표현했고, 그것이 일상의 모든 생각에 변화를 가능하게 하는 '르네상스'라는 문화적 트렌드(trend)를 만들어 낼 수 있게 해서, 유럽 전역으로 확장하면서 그들을 깨우치게 하는 문화로 정착하는 과정에 접어들게 되었다.

이러한 변화는 신의 능력에서 벗어나 사람의 능력을 볼 수 있게 했고, 그것이 신대륙의 발견을 가능하게 했으며, '지동설'로까지 생각의 변화를 가져올 수 있게 했다. 그리고 선사인들이 '하늘과 신'의 능력에 의지하지 않고 불의 능력을 새롭게 보기 시작한 것이 역사시대로 가는 과정으로 볼 수 있을 것이다. 이렇게 불의 무서움 뒤에 새로운 세상을 열 수 있다는 가능성과 편리함도 있다는 것을 깨우쳐가는 변화가 보이지 않는 것을 볼 수 있게 하는 '사피언스'의 가능성일 것이다.

결국, 르네상스라는 흐름의 본류는 '신을 보지 말고 사람을 보라'는 절대적 '진리'에서 보편적 '순리'로의 변화로 볼 수 있을 것이다. 사람을 보라는 것 또한 '너 자신을 보라'는 것이었고 그것은 그리스 철학 시대로 회귀를 가능하게 했으며, 절대적 진리의 이상주의에서 현실의 실상을 보는 자연주의 철학으로 모두의 시각을 바꾸어 놓을 수 있었다. 그것은 자연관찰과 연구에 의한 과학적 사고를 가능하게 해서 산업혁명으로까지의 변화를 이끌어 왔다. 르네상스에서 산업혁명으로까지의 변화는 '신을 보지 말고 자연을 보라'는 메시지로 볼 수 있을 것이다.

그것이 원시의 공포를 벗어나려고 하늘과 신의 절대력에 의지해 심리적 안정을 얻고, 불의 유익함이라는 현실적 이익을 얻기 위해 두려움을 용기로 바꾸어 낼 수 있었던 변화가 또한 '진리를 보지 말고 순리를 보라'는 깨우침을 준 것으로 보아도 될 것이다.

그렇다면 우리 사회 현실은 어떠할까? 그리고 보이는 것을 통제하여 제어할 수 있는 것이 보이지 않는 것이라는 관점의 변화를 시도해 보면 어떨까 한다. 그것은 우리 사회 현실적 최고의 가치는 '돈'일 수 있다는 것이다. 중세 절대적 '신'의 능력을 벗어나 스스로의 '자신'을 볼 수 있어지면서 르네상스를 있게 했다면, 우리 눈에 보이는 '돈'에서 벗어나 보이지 않는 스스로의 '마음'을 살펴보면 어떨까 해서이다. 우리는 수십 년동안 돈만을 추구했는데 과연 '행복했는가?'를 되짚어 보자는 것이다.

우리의 어머니들이 '화병'으로 고생을 하는 현실을 보았고, '황혼이혼' 이라는 부모님의 고통도 곁에서 보아왔을 것이다. 그리고 그러함을 피하려고 결혼을 하지 않으려는 청춘들을 보면서, 결국에는 '인구절벽'을 누가 맞게 했는가를 살펴보자는 것이다. 이러한 흐름의 가운데 우리의 '어머니'가 있는 것이 아닐까? 그리고 예비 어머니들이 '어머니'가 되기를 두려워하고 있다.

이렇게 우리들을 사랑으로 위로하고 품어줄 수 있는 어머니들이 세상이라는 현실에서 '불편'을 느끼게 되면 그녀의 자녀들은 '불안'해질 수 있고, 그들이 커서 함께 살게 될 사회도 '불행'해질 수 있을 것이다. 과연 그들이 현재 행복할 수 있을까?

▌원시 본능의 흔적

어릴 때 시골에서 살아본 기억이 있거나 농촌에서 가축을 길러본 경험이 있다면 많은 경우, 닭을 키워서 병아리를 얻어가는 과정을 보았을 수도 있고 직접 경험해 본 이들이 있을 것이다. 수탉 한두 마리에 암탉 몇 마리를 함께 키우면서 마당이나 들판에 풀어 키운 경우도 있을 것이고, 아니면 적당한 울타리를 하고 그 안에서 낟알 먹이를 주거나 채소 같은 것을 주면서 성장하는 과정을 보았다면 한 가지 경험을 했을 수 있을 것이다.

그것은 암탉들이 적당한 크기가 되어서 봄이 오면 약속이나 한 것처럼 달걀을 낳기 시작하는 것을 보았을 것이다. 그러나 달걀을 거두어 오는 것을 잊고 며칠을 그냥 둔 경우가 있다면 몇 개 안 되는 달걀을 품으려고 둥지를 지키는 닭을 본 적도 있을 것으로 본다. 이렇게 달걀을 갈무리하지 않고 그냥 두면 4~5개 정도의 알이 쌓이게 되고, 그렇게 되면 암탉은 그것을 품어서 병아리로 부화시키려고 한다.

그러나 알들을 매일 거두어 따로 보관하게 되면 20여 개까지 계속 알을 낳을 수 있게 되는데, 그것을 그냥 두면 더 이상 알을 낳으려 하지 않는다. 그렇게 되면 15~18개 정도의 알을 둥지에 넣어서 품게 하고, 몇 주가 지나면 그만큼의 병아리를 볼 수 있게 되는 기쁨을 맛보게 될 것이다. 처음에 4~5개의 알을 품도록 그냥 두면 그만큼의 병아리만 생산했을 것이나, 그것을 갈무리하여 닭과 협력을 하면 15~18마리의 새끼 닭을 볼 수 있어진다.

이러한 것은 야생의 자연에서 새끼를 품고 키워낼 능력이 4~5마리가 한계일 수 있기 때문이나, 농부가 도와주면 그것의 3~4배의 병아리를 얻을 수 있을 것이다. 이런 것처럼 야생상태의 자연에서는 암탉한 마리가 키워낼 수 있는 새끼의 한계가 4~5마리고, 그 이상을 품어서 병아리가 나와도 안전하게 키워서 성장시킬 수 있는 능력이 조류에게는 없는 것이 야생의 본능이고, 그것이 '원시본능의 흔적'으로 가축이 된 후에도 남아있는 것이 된다. 그러한 야생의 한계를 농부가 도와주므로 그것의 3~4배 새끼를 성장시킬 수 있는 것이 사람들의 지혜일 것이다.

사람들이 걸어가면서 시선을 두는 곳이 눈높이 수평에서 하향 15도 위치를 보는 것이 일반적이라고 한다. 그것은 15도 각도로 눈이 머무는 지점이 약 6~8m 정도라고 하고, 그 정도의 거리가 확보되면 긴급상황이 발생했을 때 대피할 수 있는 안전거리가 되기 때문이라고 한다. 이러한 안전 대피 거리 문제는 야생의 사바나에서 치타나 사자가 초식동물을 사냥할 때 10m 범위 내로 들어와야 성공할 확률이 높다는 사실과 이러한 포식자들의 사냥 성공률도 20~50% 범위라고 한다.

이러한 위치가 야생에서 피포식자가 살아남을 수 있는 최소한의 생존을 위한 대피 거리이고, 그러한 야생본능이 남아있는 것이 눈높이 하향 15도의 위치와 정확히 일치한다고 한다. 그렇다면 이러한 보행에서 눈이 주시하는 위치도 원시시대 피포식의 야생본능이 남아있는 것의 흔적으로 볼 수 있을 것이다. 그리고 사람들도 그러하지만 야생의 피포식 동물들이 언제나 오늘을 살아가는 것에 열중한다고 한다. 이렇게 피포식의 입장일 때는 생명의 속성에 의해 내일까지 살아있어야 하는 것이 제일 중요하기 때문에, 내일까지 살아있기 위해서 오늘 살아남을 수 있는 방법에 몰두할 수밖에 없다는 것이다.

그러면 사람들도 왜 오늘이 그렇게 중요해진 것일까 궁금해질 수 있을 것이다. 그것은 사람은 피포식자가 아니고 최고의 포식자 지위를 차지하고 있기 때문에 오늘 또는 지금 당장에 치중하는 것은 문제일 수가 있기 때문이다. 최고 포식자가 되면 내일까지 살아있는 것이 보장되어 있는 것이나 마찬가지여서 오늘을 살아가는 것보다는, 내일을 어떻게 살아가는 것이 가장 행복할 수 있느냐에 치중하는 것이 합리적일 수 있다는 것이다. 그렇다면 사람들이 오늘에 매달려서 내일을 준비할 수 없게 하고 어제에 대한 성찰을 불가능하게 하는 원인을 제공하는 것도 '원시본능의 흔적'으로 볼 수 있을 것이다.

그리고 많은 경우의 사람들이 당장의 삶에는 특별한 문제가 없는 것을 스스로 알고 있고, 모두가 그렇게 판단하고 있는 상황에서도 언제나 이기적인 선택을 할 수밖에 없도록 하는 것도, 결국은 '원시본능의 흔적'으로 볼 수 있을 것이다. 그렇다면 원시적 죽음의 공포를 벗어나려고 도입한 하늘의 능력과 절대자의 힘도 원시적 불안에서 안정을 얻기 위한 수단일 수 있는 것인데, 그것도 '원시본능의 흔적'으로 지속되고 있는 것으로 볼 수는 없는 것일까? 보이지 않는 것을 살필 수 있는 슬기가 필요해질 수 있을 것이다.

제3장

：：

지속을 위한 안정

지속과 시한의 모순

　　　　　살아있는 생명체가 영원히 살아갈 것으로 보는 일반적 희망과 그것이 불가능할 수 있다는 부분적 우려도 가지고 있을 것으로 본다. 우선 지구역사의 부분 부분에 모든 생명체가 거의 절멸한 기록이 지구과학적으로 밝혀지고 있는 점에서 그러하다. 가장 가까운 지구생명체의 절멸을 중생대 말에서 신생대 초에 이르는 부분에서 공룡들이 모두 사라져 버린 것을 알고 있기 때문이다.

　그렇다면 사람들도 어떤 원인에 의해 그러한 결과를 따라가지 말라는 보장이 없기 때문이다. 그래서 생명체의 입장에서는 영원히 살아있고 싶지만 지나간 지구환경 현실이 그것이 불가능할 수 있다는 것을 입증했기 때문에, 소극적 표현으로 그러한 소망을 담아서 지속이라는 용어로 가능성을 희망해 보는 것일 수 있다. 이렇게 생명은 지속되어야 하고 영원히 살아갈 수 있으면 '생명의 성'이 요구하는 이기적 욕망이 완성될 수도 있을 것이다. 그러나 그것이 안 되었던 것처럼 지속에는 어떤 시간적 한계가 있다는 것이 '지속과 시한의 모순'일 것이다.

그리고 이러한 '지속'이 유지되려면 그들의 환경은 상당한 '안정'이 불가피한 조건일 것이다. 지속을 위한 부수적 수반조건이 안정일 수 있기 때문에 편안과 '행복'이라는 가치가 가능해지는 것이다. 결국, 안정이라는 조건이 성립될 수 없으면 지속을 포기하고 싶어지는 결과를 불러올 수도 있기 때문이다. 이렇게 지구환경을 살고 있는 생명체는 지속이 어떤 시한을 가지고 있을 수 있다는 가능성을 인정할 수밖에 없는데, 그러한 것이 또한 모순으로 느껴지는 것도 어쩔 수 없이 받아들여져야 한다는 것을 알고 있다는 것이다. 이렇게 지속은 안정될 수 있어야 바람직할 수 있는데 그러한 지속 또한 시간적 한계를 가지고 있다는 것도 함께 인정해야 하는 것이 생명의 서글픔일 수 있다.

이러한 지속과 안정 그리고 시한의 모순을 품고 있으면서도 그것을 깊게 생각해 보지 않는 것이 또한 여성과 모성의 상시성과 한시성일 것이다. 인류의 지속과 안정 그리고 지속과 시한의 모순에는 여성과 모성의 상시성과 한시성이 직접적으로 작용하고 또한 그것을 조정 통제하는 것으로 볼 수 있는데, 그것을 잊고 있는 것이 일상일 수 있다. 인류의 지속을 위한 출산과 육아라는 모성은 한시성으로 시간적 범위를 가지고 작용하고, 지속의 제한 요소인 여성은 일생 동안 상시성으로 실현되고 있는 모순을 살펴보자는 것이다. 이것은 생명의 '본원성' 본질에서 두 가지 특성을 막을 수 없어 함께 담고 있는 '복성적' 생명의 한계일 수 있다.

지속을 위한 출산과 육아는 '모성'의 실현이고 그것을 잠재시키고 생명으로만 존재하고 싶은 욕망이 '여성'의 실현으로 봐야 하기 때문일 수 있다. 한 사람의 개인 생명체로서는 스스로의 행복과 편안을 추구하고 싶은 욕구를 열성으로 가라앉게 하고, 세상의 지속을 위한 모성을 실현하고 싶은 유인효과가 있을 수 있을까 하는 것이 그것을 가능하게도, 불가능하게도 할 수 있는 제한 요소일 수 있을 것이다.

그렇다면 일정한 시한성을 가지고 있는 생명체가 스스로의 욕구실현을 위한 '여성'으로 살아갈 것인가, 아니면 모두의 지속을 위해 어느 만큼의 일생을 '모성'으로 흔쾌히 양해할 것인가에 지혜로운 접근이 필요할 것으로 본다. '한 사람 개인의 일생으로 봐서는 여성발현의 시간과 모성발현의 시간을 어떻게 안배하는 것이 스스로 행복할 수 있을까?'의 존재 이유와 목적성의 고려라면, '어느 쪽에 무게중심을 두는 것이 합리적일까?'의 문제일 수도 있다. 이것은 공익을 생각하는 이타성을 발현해서 지속에 비중을 둘 것인가 아니면 개인적 삶의 목적달성에 더 큰 가치를 부여할 것인가의 선택으로 누구도 강요할 수 없는 인권적 행복추구권일 수 있어서이다.

우리는 잊고 살고 있지만 우리의 삶이 항상 지구관성인 밤과 낮의 반복을 '일상'으로 생각했을 수 있지만, 그것은 결국 지구 '관성'에 순응해서 살아지고 있는 것을 인정할 수밖에 없을 것이다. 이러한 모순성을 가지고 있는 복성적 인격의 합리적 발현을 유도할 수 있는 공익적 고려에서, 여성과 모성의 중요성을 어떻게 선택하고 존중해 줄 것인가의 공감대가 필요할 것으로 본다.

　모두가 공익적 이타성을 자극해서 '사랑의 성'과 '생명의 성'이 조화롭게 실현될 수 있도록 지원하고 응원할 필요가 있을 것이다. 이러한 인식을 지성적 가치로 받아들여 규범화하는 것이 인문적 '소양'일 수 있고, 수준 높은 선진적 정서를 함양하는 문화로의 정착이 필요할 것이다. 그것이 서로를 이해하는 양보와 상대를 수용하는 포용일 것이기 때문이다.

▎여성 비하

　우리가 흔히 이야기하는 양성평등은 현대적 문화의 흐름에서 인정되어지는 가치로 볼 수 있다. 인권과 인격 그리고 선진이라는 사회적 비교가치가 많은 이들의 가슴에 울림으로 와닿지 않았던 시절에는, 남자와 여자는 힘으로 구분되는 약자의 대표성과 강자로서의 존재만 보여지고 있었는지 모른다. 그러한 것이 힘의 비교 대상으로 남자와 여자를 가늠하게 되면 남녀의 분류보다는, 강함을 바탕으로 힘으로 지배하려는 쪽과 약함을 슬픔으로 받아들여야 하는 쪽으로 정리되면서, 약한 쪽은 강한 쪽의 부수적 주종관계 같은 것으로 인정되고 존재되었을 수도 있을 것이다.

　이러한 것은 그것을 옳고 그름으로 양해받지도 않았고 그것을 동의해 주지도 않았지만, 강제화되고 있었고 그것이 불가피한 관행으로 굳어진 것으로도 볼 수 있을 것이다. 만일 그러한 관습적 관계에 의해 남성이 존중되고 여성이 비하 되었다면, 우리가 인권 또는 인격이라는 가치가 존중되어지는 선진적 문화를 도덕적 옳음이라고 모두가 동의한다면 새로운 관계정립이 필요할 것으로 본다. 이러한 관행이 잘못 해석되면 힘의 관계를 우월한자와 열등한 자로 잘못 인식될 수도 있기 때문이다. 지나간 오랜 과거에서 이러한 우열의 관계로 잘못 정리된 것이 남녀의 본질적 정체성은 아닐까 하고 우려하게 되는 것이다.

이렇게 야생의 힘의 관계가 능력적 우월의 관계로 오인되고 그것이 다시 주종의 관계로까지 확장 해석되어지면, 그것은 심각한 차별의 관계로 발전했다고 볼 수 있을 것이다. 이러한 차별은 사람이라는 인격적 처우를 야생의 동물적 처우와 비교할 수 있는 관계로도 잘못 알려질 수 있음에서이다. 이러한 것의 일부로 종교적 신앙의 관계에서까지 남녀의 '구분'을 남녀의 '차별'로 받아들여서 구별하려는 것이 '비하'로 일반화되었을 수 있을 것이다.

힌두적 사고나 이슬람적 가치 해석에서도 그렇고 유교적 대우에서도 그렇게 구별되고 있은 것이, 강한 자가 약한 자를 보호해줄 수 있는 울타리로 차별을 합리화하려는 것은 아닐까 해서이다. 일부 종교의 경전적 해석으로 그런 구분을 인정하고 있는 것들에서도, 선의의 구분보다는 남자의 지배력을 공고화하려는 해석이 아닐까 의심할 수도 있기 때문이다. 인더스문명 지역이나 황허문명 지역에서의 삼종지도(三從之道) 같은 풍습의 강요도 그러하고 '히잡'이나 '차도르'를 착용하지 않으면 바깥출입을 제한하는 문화적 배경은, 우리 역사의 수세기를 '장옷'이라는 쓰개치마를 둘러야 외부출입이 가능했던 사대부가(士大夫家)의 여인사를 봐서도 그러함을 살피게 하는 것이다.

이러한 풍습과 관행을 무조건 차별이라고 모두 뭉뚱그려 몰아갈 수는 없겠지만 그때나 지금이나 그러한 제한을 불편하게 여기는 당사자들의 인식이 있다면 한번 살펴주는 여유가 필요할 것으로 보는 것이다. 여러 부족들의 종교적 신앙에서 '신의 형상'을 한 숭배물들이 남자의 형상을 하고 있는 사례가 많은 것으로 보면, 그러한 것들도 남과 여를 은연중에 구별하려는 의도가 스며있는 것 같기도 하다. 이렇게 남자와 여자의 다름을 강조해서 오랜 시간 지속되고 있는 것의 뿌리에 이러한 힘의 질서가 녹아있을 수 있을 것으로 본다.

일상생활에서 또는 신앙적 표현에서 구분하려 한다는 것은, 남자를 높이고 싶고 여자를 낮추고 싶은 오래된 어떤 바람 같은 것이 있을 수 있을 것이다. 만일 신의 형상으로 남자들을 표현했다면 남자들은 신의 흉내를 내라는 암묵적 '가르침'이 있는 것으로도 볼 수 있을 것이고, 그러한 것을 수긍할 수 있다면 남자들은 절대적 '진리' 쪽을 선호해야 한다는 '암시'로도 보여질 수 있다.

이렇게 '신상'을 통해 암묵적 높임이 있고 일상생활에서도 여성들이 불편할 수 있는 '제한'을 두어 통제하려 한다면, 남자들은 보통의 지위보다 높아지고 여자들은 보통의 위치보다 낮추려는 의도가 숨어있을 수 있을 것으로 본다. 이러한 여러 가지 관습이나 문화적 구별이 남녀차별을 넘어 '여성비하'로 인지될 수 있을 것이다.

대부분의 사람들이 이런 묵시적 차별을 알아챌 수 있다면 그것으로도 남자들의 힘의 우위를 증명했다고 볼 수 있는데, '선악과'라는 굴레까지 씌워서 절대로 빠져나올 수 없는 '원죄론'을 활자로 모두가 볼 수 있게 게시한 것일까? 그것은 사랑을 실현하는 '모성'의 숭고함이 너무도 높은 것 때문일까?

▌경력단절과 모성

사람들은 누구나 세상을 살아가면서 행복하고 싶은 소망을 가지고 있고, 그러한 행복을 추구하는 의식이나 행동들은 다른 사람의 입장에서 보면 이기적 감정 같은 것으로도 볼 수 있을 것이다. 일반적으로 소극적 행복은 개인의 자기만족에서 오는 행복일 수 있고, 적극적 행복은 가족과 그리고 주변과 함께 누리고자 하는 행복일 수 있다. 이렇게 개인적 행복은 이기적이라고 볼 수 있고 가족이나 주변과 함께 행복하고 싶다면 이타적 성향을 가지고 있다고 볼 수 있을 것이다.

이렇게 개인적 행복에 무게중심이 가 있는 마음은 '생명의 성'에서 비롯되었다고 볼 수 있고, 가족과 주변의 행복에 관심을 두는 마음은 '사랑의 성'에서 영향되었다고 할 수 있을 것이다. 이러한 복성적 마음이 작용하는 현상에서 전자의 성향은 여성성이 강화되어 모성성이 잠재되는 경우로 볼 수 있을 것이고, 후자의 성향을 모성성이 우성화되고 여성성이 열성화하는 과정으로 볼 수 있어 복성적 인격성이 서로 교차할 수 있는 것으로 볼 수 있다.

사회가 지속되어 안정적 유지가 가능하려면 일정한 인구가 지속적으로 유지될 필요가 있는데, 이러한 사회의 지속과 유지의 핵심 필요조건이 적당한 출산과 육아가 이루어져야 가능할 수 있을 것이다. 그렇다면 출산과 육아라는 '모성의 발현'을 사회를 지속시키고 유지하는 필수적 '기여'로 볼 수 있을 것이다. 만일 이러한 모두의 바람을 이루어 주기 위해 여성들이 개인적인 행복을 '포기'하고, 여럿을 위해 모성을 실현하는 출산과 육아라는 공익적 필요에 '헌신'했다면 사회가 그에 합당한 격려나 존중 또는 포상 같은 것이 있어야 합리적 일 수 있을 것이다.

그런데 만일 공익적 필요에 솔선해서 개인적 욕구를 포기하고 모성 사랑에 헌신한 결과가 '경력단절'이라는 불이익으로 돌아온다면 어떻게 해야 할 것인가와 이러한 경력단절로 인해 승진과 연봉차별을 받아야 한다면, 출산과 육아라는 희생적 사랑을 반복하고 싶어질까 하는 것이다. 결국, 경력단절은 승진과 연봉의 경제적 이익과 연계되어 있고, 경제력이 뒷받침되지 않으면 육아와 교육은 불가능한 것이 현실이라는 점을 고려한다면 모성실현과 돈의 가치를 저울질하는 '자본주의'적 사회현실이 '올바른 가치인가?'를 성찰하는 지혜가 필요해질 것이다.

국가와 사회의 지속이라는 대명제를 희생하는 마음으로 받아들일 수도 있지만, 출산휴직과 복직 그리고 연봉과 승진차별 그리고 또다시 휴직과 복직이라는 불편한 현실을, 주변의 응원과 격려 없이 헤쳐 나갈 수 있는 힘이 연약한 여성의 입장에서 가능할 수 있을까? 안정적 사회의 지속과 국가의 발전을 바란다면 이러한 여성들의 애로와 봉사적 희생을 '인정'할 수 있어야 할 것으로 보여진다. 만일 사회 주요 의

사결정권과 그것을 실천할 수 있는 힘을 가진 남자들이 어지 들의 헌신을 '인정'할 수 있어야 변화의 가능성이 생길 것으로 보기 때문이다.

모두가 사회의 안정적 지속을 바란다면 그동안 유지되어온 사회적 구습을 재편하는 용기가 필요할 것으로 보고, 여성들의 사회에 대한 기여와 모성사랑의 숭고함과 위대함을 모두의 '소양'으로 받아들여질 때 그것이 가능할 수 있을 것이다. 산업화와 선진화를 위해 잘살아 보려고 앞만 보고 달려온 지난 수십 년을 되돌아보면서, 그러한 성찰의 결여에서 오는 사회적 비용은 또한 얼마나 낭비되었는지를 살펴보는 슬기가 요구된다 할 것이다.

산업화와 '자본주의'적 가치에 여성들을 희생시키지는 않았는지 살펴보면 여성들의 모성 발현을 주저하는 심정을 조금은 이해할 수 있어질 것이다. 그리고 여성들이 경력단절을 포기하고 자본만능의 사회가치에 충실하기 위해 여성으로만 살아가려 했다면, 사회지도층 진출과 의사결정권이 남성들의 전유물처럼 될 수 있었을까?

세계적 보편 기준에서 보면 우리 여성들의 능력이 탁월하다는 것을 모두가 알고 있을 것이기 때문이다. 서로 배려해 주는 보편의 인문적 소양의 '부족'을 남녀차별로 표시했다면 그러함이 쌓여 우리 할머니의 '화병'을 불러왔고, 우리 어머니들의 '황혼이혼'을 조장했을지도 살펴야 오늘의 '인구절벽' 문제의 해결책이 보여질 것으로 본다.

남자들의 평생 반려에 대한 살핌의 부족이 이러한 결과를 가져올 수 있다면, 아동학대와 노인학대 그리고 청소년 자살률 및 노인자살률의 증가 추세도 새로운 관점에서 보듬을 수 있는 용기를 내어보면 어떨까 한다.

▌ 사람은 서울로 지방소멸

　고려 말 무신정권의 칼에 의한 지배력 강화는 문화나 문명이라는 품격은 찾아볼 수 없는 볼 성 사나운 힘의 난무였고, 그것은 원시의 야생질서를 옮겨놓은 혼란으로 비쳐질 수 있었다. 그러한 짐승들의 질서를 벗어나 사람답게 살고 싶은 열망이 '성리학'을 배운 신진사대부 세력이었다. 그들은 유학적 질서를 바탕으로 하는 문명국가의 실현을 희망했고 그러한 꿈을 이룬 것이 조선의 건국일 수 있다.

　그들은 무신정권의 칼과 힘에 의한 국가지배 철학을 성리학에 바탕을 둔 '군자'가 다스리는 문화국가를 꿈꾸었고, 그러한 소망을 이루기 위해서는 새로운 가치를 실현할 새로운 땅을 원하게 되었다. 그것은 무신들의 피로 얼룩진 흔적을 지워내고 문민정치의 '민본가치'를 담아낼 곳으로 한양이라는 터전을 정하고 그곳을 '서울'이라 부르게 되었던 것이다. 한양 땅을 '서울'이라는 이름으로 새 술은 새 부대에 담았으나 사람의 모임이나 세력의 뿌리는 개성일 수밖에 없었다.

　개성의 흔적을 빨리 지울 수 있는 묘안을 찾게 되었고, 고려 말 원나라 지배 시절 강력한 기마병 육성을 위해 군마를 제주목장에서 집중 양성한 사례를 주목하게 되었고, "말은 제주로"라는 선동 문구를 주목하게 되었다. 그것의 표현이 "말은 제주로, 사람은 서울로"라는 기발한 홍보성 선전 문구였다. 그것은 충분한 효력을 발생했고 새로운 문화가치에 참여하고 싶은 젊은이들과 일신의 영달을 꿈꾸었던 재력가들이 대거 서울로 몰려들었고, 그것이 새로운 질서와 강력한 힘으로 조선의 개국을 정당화할 수 있었다.

이러한 일회성의 단순한 '선동'이 수백 년이 흐른 지금도 효력을 잃지 않고 지속될 줄은 그때는 몰랐을 수 있다. 그러나 그것이 지금의 수도권 비대화라는 부작용으로 나타나고 있는 것이라면 그것의 영향효과를 살피는 성찰이 필요할 수 있을 것이다.

그것은 조선 중기 이후 임진왜란과 병자호란을 거치면서 왕실 제정이 고갈되었고 새로운 문제가 촉발되었기 때문이다. 유학의 제일 목표가 '입신양명'이라는 속된 말의 '출세주의' 문화가 선비와 군자들의 위상에 흠집을 내기 시작했기 때문이다. 서울로 간 많은 선비들의 학문적 꿈은 입신양명하여 백성이 살기 좋은 태평성대를 이루는 것이었는데, 양란을 맞으면서 백성은 헐벗고 국가는 회복할 수 없는 상처를 입었기 때문이다. 이러한 문제는 국가 제정의 고갈을 가져왔고 그것을 충당하려고 '매관매직'이 성행하면서 새로운 가치를 선동하는 말이 생겼기 때문이다.

그것은 '모로 가도 서울'이라는 정당한 과거를 거치지 않고 돈을 주고 벼슬자리를 사서 그렇게 원했던 서울로 갈 수 있었기 때문에, 돈 없는 진정한 '군자'나 '선비'는 뜻을 펼 기회가 상실되었기 때문이다. 이것은 그 후 조선 후기를 지배하는 사회사류로 자리 잡아 갔고, 원칙과 과정을 무시한 '결과주의'가 판을 치는 반칙이 공공연히 '능력'이라는 이름으로 자리 잡으면서 수단과 방법을 가리지 않는 '능력주의'가 그 사람을 평가하는 지표로 인정받게 된 것이다.

그것이 요즘 흔히 회자되는 '내로남불'이라는 형태로 영향을 주고 있는 힘과 권력의 추태로, 젊은이들의 가치 혼란을 부추기고 있는 현실이 암담해서이다. 이러한 실상은 원칙도 없고, 과정도 없고, 질서도 없어지는 극심한 경쟁을 유발하는 효과로 모두를 아프게 할 수 있음에서이다. 지난날의 풍자와 필요가 오늘까지도 필요할 수 있는 것인지? 한번쯤 살펴보는 아량을 기대해 보면서, 이러한 잘못된 가치를 계속 승계할 것인지를 고민해 봐야 할 것으로 본다.

'사람은 서울로'가 수도권 집중과 지방소멸을 부추겼고 '모로 가도 서울'이 부당한 능력주의를 눈감아 주는 사회적 가치관의 혼란을 가져왔다면, 이러한 유산을 거부할 용기와 지성적 양심운동을 펼쳐볼 수 있는 슬기를 기대해 보고 싶은 것이다. 우리의 현대사에서 '가족'을 줄여 '부'를 증가시킨 선례도 이러한 오도된 '유산'에서 비롯되었을 수는 없는 것일까? 한번 되짚어 보았으면 한다.

우리들 마음의 고향이고 모두의 휴식처일 수 있는 지방이 소멸하면 농업기반도 소멸되어 갈 수 있고, 도시와 시골의 균형이 무너지면 우리들 마음에서 '양심의 추'가 능력주의 쪽으로 기울까 걱정되기 때문이다. 가뜩이나 '금 수저'와 '흙 수저'로 불평등과 불균형이 우리를 괴롭히고 있는데 서로를 배려하지 않고 균형까지 무너져 내리면, 조선 중기의 오도된 '출세주의'와 '모로 가도 서울'을 정당화하는 것은 아닌지? 그리고 '사람은 서울로'에 나도 모르게 동참한 것은 아닌지? 서로에게 물어보고 싶어지는 것이다. 우리의 시골과 농촌은 사람과 자연의 균형을 가능하게 할 수 있는 인문·지리적 효과도 가지고 있어, 개인의 행복은 조금 '절제'할 수 있게 하고 이웃과 나누는 사랑은 조금 여유롭게 할 수 있는 '조화와 순리'의 존중을 기대해 보고 싶음에서이다.

지속되지 않으면 생명이 아니다

생명체가 살아가기 위한 조건은 '생명'일 수밖에 없는 숙명으로 봐야 할 것이다. 그것은 살아있지 않으면 누구도 그것을 생명체라고 하지 않을 것이기 때문이다. 그래서 생명 즉 살아있는 것이 곧 생명체임으로 살아있는 스스로의 입장에서는, 살아있는 것을 나와 떼어 놓고 생각해 볼 수 없는 족쇄 같은 것이 될 수 있을 것 같다.

그래서 살아있는 것과 스스로의 자신을 '분리'해 볼 수 있는 여유가 필요할 것으로 본다. 그것은 내가 살아가려고 늘 어떤 궁리를 하고 '생각'을 하는 것과 비슷할 수 있어서다. 어떤 철학자가 "나는 생각하기 때문에 존재한다."라고 한 말 속에는 나와 존재 그리고 생각을 따로 바라볼 수 있는 기회를 제공한 것일 수도 있을 것이다. 생명은 '나'일 수 있고 생명체는 '존재'일 수 있으며, 살아있는 행동이 '생각'과도 같을 수 있어서이다.

우리는 생명체가 살아있을 수 있고 살아갈 수밖에 없는 욕구를 '본능'이라는 표현으로 뭉뚱그려서 그 내용의 복잡성을 피해 버렸는지 모른다. 왜냐하면, 본능이라는 말 속에는 너무나 많은 것들이 들어있기 때문에 살피고 따져보는 것이 머리 아프고 또 해결이 되지 않는 숙제 같은 것이어서 잊어버리고 싶은 욕망에 그냥 본능이라 했을 수 있다. 이렇게 우리가 '본능'이라고 '퉁'쳐버린 살아있을 수밖에 없고 살아있어야 하는 '책임' 같은 것으로, 누구도 피할 수 없는 억누름이 있다면 그것은 '강요'일 수 있을 것이다. 그것이 '목구멍이 포도청'이란 말과 같은 뜻일 수 있다는 것이다.

살아있어야 하는 '책임'과 살아있을 수밖에 없도록 하는 강제적 요구를 '강요'로 볼 수 있기 때문이다. 이러한 원천적 본능을 살아있게 하는 외부적 요구로 보아 '1차적 강요'라고 할 수 있다. 그것은 생명의 살아있음을 정당화하는 설명으로 나도 모르게 무조건 살아있게 하는 '물리력'으로 보아서, 나와 분리해 보려는 노력으로 봐야 할 것이다. 이러한 것을 생명을 살아있게 하는 1차적 조건으로 봐서 원천적이고 '1차적인 강요'라고 표현하면, 생명체의 의지나 생각 그리고 욕구가 자유로워질 수 있다는 것이다.

이렇게 생명체가 살아있을 수밖에 없는 본질적 요소를 '강요'로 설정해서 분리해 버리면 그것은 나와 직접 관계없는 내가 의도하지 않은 별개의 행위가 될 수 있을 가능성을 열어둠으로, 내가 움직일 수 있는 충분한 공간을 확보하는 것 자체를 '자아'적 행위로 보자는 것이다. 생명체가 살아있기 위해서는 이기적일 수밖에 없고 생명으로서 양보할 수 없는 1차적 강요를 '절대이기'라고 하면, 그것의 당연성이 확보될 수 있을 것이다.

이렇게 본능에서 유발되는 1차적 강요를 이기심으로 표현할 수 있을 것이다. 나만을 생각하는 것을 '이기'로 보고 함께 살아가는 이들을 고려하는 것을 '이타'로 분류하기 때문이다. 생명은 살아서 지속될 수 있어야 스스로의 위치가 확보되고 그래야 살기 위한 무엇을 요구하고 주장할 수 있는 생명 존재의 타당성이 실현되기 때문이다.

지나간 역사의 속담에서 "개똥밭에 굴러도 이승이 좋다"는 표현이 그것을 명확히 설명했다고 보면 왜 그렇게 살아있고 싶을까 묻게 될 것이다. 그것은 살아오면서 후회되는 일이 있거나 해보고 싶은 것이 있을 때 그것을 회복하고 복원하고 싶음에서일 수도 있고, 그렇게 하므로 스스로의 존재가 정당했다고 모두의 인정을 받을 수 있는 기회가 확보되기 때문도 있을 것이다.

우리가 조금 나쁜 뜻으로 나도 모르게 밀어내고 싶었던 이기심 같은 것을 '1차적 강요'로 보아 자신과 분리해 볼 수도 있어, 생명이라는 존재의 개념을 좀 여유롭게 확장해 볼 수 있으면 생명 지속의 숙명을 이해하는 데 도움이 될 수도 있을 것이다. 이러한 것은 우리의 마음속에 함께 있는 복성적 마음의 표현에서 나타나는 현상으로 그것을 '생명의 성'이라고 구분해서 보려는 의도와 같은 것일 수도 있다.

아무튼, 생명의 성은 살고 싶음이고 그것을 나타내는 부담을 '1차적 강요'로 분류해서 본능을 구체화했을 수도 있고, 삶에서 부딪치는 이기심의 충동을 좀 더 합리적으로 볼 수 있도록 한 것이 된다. 우리가 이 기심의 충동질로 살아있을 수 있어졌다면 그것은 '생명의 성'과 함께 나타나는 '사랑의 성'을 펼쳐낼 수 있는 '기회'가 주어졌다고도 볼 수 있을 것이다.

태아가 품속에서 느낀 '모성사랑'은 직접 확인이 불가능한 '느낌'일 수밖에 없어 인식의 강도가 영아로서 태어난 후 '인식'된 '모성행복'보다 낮을 수 있다. 그러한 다름의 형평성 조정을 위해 '사랑'은 흔적일 수 있어 좀 높게 올려서 행동하고, '행복'은 행적일 수 있어 좀 낮추어 실현하면 마음의 흔적과 행적이 순화될 수 있을 것으로 보여져 약간의 관심을 기대해 보려고 하는 것이다.

▌여성 설문조사

사람들은 살아있어야 하는 '이기적' 선택과 함께 살아가야 하는 '이타적' 선택을 각각 구분하여, 본능에 의한 '1차적 강요'와 도덕과 규범에 의한 '2차적 강요'로 분류할 수 있을 것이다. 그래서 이러한 두 가지 기본적 강요를 '원천강요'라고 해서 누구도 피할 수 없는 사람으로서의 의무와 책임 같은 것으로 규정한 것이다.

이러한 냉엄함은 사회생활을 하는 데 남자들보다 여자들이 훨씬 '불리'할 수 있는 조건으로 추가된 것이, 사회지속이라는 공공적 또는 공익적 '소명'인 출산과 육아의 부담일 수 있을 것으로 본다. OECD 회원국의 행복에 대한 가치조사에서 모든 회원국의 최우선 순위는 '가족'으로 조사되었는데, 유독 한국만 '돈'을 최고가치로 선택했고 그다음을 가족으로 선택했다고 한다. 이러한 별남은 1960년대 이후 가족을 줄여 잘살아보려고 한 가난에 대한 보복심리 같은 것일 수도 있지만, 그것이 인구감소로까지 진행되는 문제를 안게 되었다면 어떻게 봐야 할 것인가?

사회지속을 위해 적당한 인구는 유지해야 하고 그리고 우리의 최고가치인 돈도 벌어야 한다면, 그것은 여성들에게 있어서는 심각한 선택과 고난을 피할 수 없는 현실로 봐야 할 것이다. 이러한 상황 현실을 잘 극복하고 존경받을 만한 능력을 보여준 여성들을 '커리어 우먼(career-woman)'이라고 한다면, 그들의 선택에서 중요하게 생각하는 가치를 무엇으로 보았는지가 궁금해질 수 있을 것이다. 그래서 직장에서 상당한 능력과 지위를 인정받고 있는 전문직 여성들을 상대로 가치조사를 한 내용은 좀 색다른 결과를 보여주는 것 같아 가슴 아픔이 있는 것 같다.

'커리어 우먼'이라는 인정을 받고 있는 현대 여성들의 가치 실태조사에서 '무엇 때문에 사느냐'는 질문에, '자식 때문에 산다'는 대답이 70%를 넘었다고 하는 것은 자신의 '성취'도 아니고, '돈'을 추구한 것도 아닐 수 있고, 그렇다고 꼭 '가족' 때문이라고 평가하기에도 모순이 있어 보여서이다. 그렇다면 개인적인 의견으로는 '생명의 지속'이라고 밖에 볼 수 없을 것으로 본다.

그것은 사회는 소멸 위험을 보여 '인구절벽'이라고 하는데 자기성취도 아니고, 우리의 최고가치인 '돈'도 살아있는 우선순위가 아니라면 그것은 '사회지속'은 아닐 수 있고 '자기연장'으로 볼 수 있어서이다. 결국, 살아있어야 하는 생명으로의 회귀로 보여서 살아있어야 하는 본능적 강요가 모든 것을 함몰시킨 것으로 보여서 여러 가지 생각으로 머리를 복잡하게 하는 것 같다.

이러한 현상은 자녀가 성장하여 어머니로서의 책임을 다하면 직장은 정년으로 퇴직하게 될 것이고, 혼인관계는 유지될 수 있을까 하는 의문이 생기는 것이다. 자녀가 성장하여 자립하면 모성으로서의 '사랑의 성'은 그 역할을 마쳤기 때문에 이기적인 '생명의 성'이 그 자리를 대신할 것으로 보는 것이다. 그것이 복성적 인격체의 본질일 수 있기 때문에 변화추이가 궁금해질 수도 있어 보여서이다.

이러한 변화의 단면을 보여주는 것인지는 몰라도 최근 30년간의 '황혼이혼' 추세가 우려할 수준을 넘어서는 것으로 보여서 살펴보는 지혜가 필요할 것으로 본다.

[표6] 최근 30년간 총 혼인 건수 및 황혼이혼 건수와 비율 (통계청)

구 분	1990	1995	2000	2005	2010	2015	2020	2021
혼인 건수	45,694	68,279	119,455	128,035	116,858	109,153	106,500	101,673
황혼 이혼	2,361	5,571	16,978	23,867	27,823	32,626	39,671	39,387
비율 (%)	5.1	8.2	14.2	18.6	23.8	29.8	37.2	38.7

황혼이혼의 비율이 외환위기(IMF구제금융)를 넘어서면서 급격히 높아지고 있고, 전체 이혼에서 차지하는 비율도 약 40%에 육박하고 있는 것이 심각성을 보이고 있어서이다. 그리고 황혼이혼의 사유도 성격차이 48%, 경제적 문제 12%, 외도 폭력 8%로 분석되고 있어, 자녀들 때문에 참고 있었던 문제들이 한꺼번에 표면화하는 것으로 볼 수 있을 것 같다. 황혼이혼의 구분은 20년 이상 결혼생활을 한 부부가 어떤 원인에 의해 혼인관계를 유지할 수 없어서 이혼하는 것이라고 통계청은 설명하고 있다.

이러한 현실은 80년대 우리의 할머니들이 아파했던 '화병'의 세대가 우리 어머니들의 '황혼이혼' 세대로 세대교체가 된 것으로도 볼 수 있고, 이런 것의 지속적 표현이 출산율 감소와 '인구절벽'으로 이어지는 모성기피 세대로 연속되는 것은 아닌가 한다.

그렇다면 이것이 여성들만의 문제로 볼 수는 없을 것이고 결국은 우리 모두의 문제일 수 있고, 모성의 상대역인 남자들의 문제로 봐야 할 것으로 본다.

▎ 여성비하 홀대

힘의 논리에서 밀릴 수밖에 없는 여자들의 입장에서는 남자들보다 우월하다고 주장할 수 있는 고유한 성역 같은 부분이, 모성사랑을 발현할 수 있고 그것을 바탕으로 사회가 지속되고 가문이 이어질 수 있다는 '모성의 실현'으로 봐야 할 것이다. 그런데 그러한 여성들만의 고유한 '성역'도 남자들이 양해해 줄 수 있는 아량에 인색함을 나타내고 있는 것은 아닌지 살펴져서이다.

어머니를 존경해야 하듯이 모성실현을 존중해야 하는데 여자와 어머니를 굳이 다름으로 기억하고 싶었는지 모른다. 그것은 많은 상호적 비교에서 고의적 낮춤을 시도한 것으로 보여지는 것들이 느껴지고 있기 때문이다. 힘의 강함을 이용해서 외부와의 교류를 통제하고 싶음도 있었던 것 같고, '원죄론'이라는 신화적 이유를 바탕으로 신앙의 영역에서까지 낮춤을 시도한 것을 보면 그러함의 고의성 같은 것도 의심되기 때문이다. 그러한 낮추고 싶음의 욕망이 '모성사랑'이 실현되는 것을 숭고성보다 당연성으로 유도하여 '본능화'를 의도 했을 수도 있다는 것이다.

사회지속이라는 공공성과 가문유지라는 절대성을 주장할 수 있는 여유를 주면, 힘의 질서에 회복할 수 없는 흠집이 생길 수 있음을 우려했을 수도 있다고 보는 것이다.

모성의 실현을 당연성으로 보려 하고 본능으로 인식시킬 수 있는 자연의 야생질서로 일반화가 가능했기 때문일 수 있다. 그것은 지구상의 모든 동물도 자식을 키워내는 사랑의 헌신과 고통스러운 희생을 감수하고 있다는 생명 본질적 행동과 유사함이 있다는 것이다. 야생의 날짐승은 물론이고 집에서 키우고 있는 모든 가축도 새끼를 키워내고, 사랑으로 보듬는 본능이 실현되고 있음을 모두가 보았고 또 그것을 인정할 수밖에 없는 생명자연의 섭리 때문일 수 있다. 그것은 어린아이들도 보았고, 여자들도 보았으면 힘으로 지배력을 강화하고 싶은 남자들도 보았고 알고 있음에서이다.

결국, 모성실현은 숭고하고 존경할 수 있는 여성들만의 특권일 수는 있지만 그것이 모든 짐승도 가지고 있고 또 그렇게 하고 있다면, 과연 그것을 주장할 수 있을까 하는 논리에 대응할 수 있는 명분의 부족과 설득의 어려움 때문에 그러함의 주장을 포기한 것으로 볼 수 있기 때문이다. 이렇게 모성사랑의 실현은 그 고유함과 공공성을 주장하고 싶어도, 주장하면 할수록 동물적 본능에 접근할 수 있어 설득력 있는 명분이 될 수 없음이, 높임으로의 요구보다 낮춤으로의 논란거리를 만들어 낼 수 있음이 족쇄처럼 옥죄여 올 수 있음에서이다.

이러한 현실은 모성존중보다 모성비하로 갈 수 있는 우려만 높아질 수 있어, 출산과 육아의 고통과 헌신이 어머니의 자리를 홀대받을 수 있게 하는 애꿎음도 있다는 것이다. 물론 이러한 것은 야생의 질서라는 '반문명적' 발상이기도 하지만, 힘의 질서와 야생의 본질이 동조되어 공명현상을 일으키면 그것은 더욱 확대되어, 남자들이 노리는 지배력의 공고화와 고착화에 도움을 주는 역할로 비쳐질 수 있어서이다.

이러한 결과는 문화와 지성이 무엇인지 모르던 시절의 여성에 대한 고정관념일 수 있으나 인권과 행복추구권이 보편화되는 선진적 정서에서는 '몰지각'한 것으로 볼 수 있고, 여성들의 지성화 수준이 차별되지 않는 현실에서는 힘을 이용한 옹졸함과 편협함으로도 볼 수 있을 것이다. 지나온 차별의 상황에서는 모성실현은 당연한 것이었고 대접받을 일도 아닐 수 있지만, 나쁜 선례를 이용해서 지속적으로 모성비하를 시도하는 것은 문화사회에서는 또는 선진정서에서는 부끄러워할 줄 알아야 할 것으로 본다.

우리의 지난 육칠십 년대에는 출산율이 6명대에 접근하고 있어 어머니들이 평생 동안을 출산과 육아로 세월을 보냈다고 보아야 할 것이다. 이러한 모성실현을 본능적 행위로 홀대해 버리면 당사자들은 삶의 가치를 무엇이라고 항변해야 할까? 자괴감이 드는 것이다. 이러함이 결국 어머니들 가슴에 '한'으로 쌓여 풀어내지 못하고 인생 말년을 맞게 되면, '화병'으로 나타날 수밖에 없을 것으로 보여져서 짠함과 함께 '평생 원수'라는 어떤 시골 할머니의 외침에 그 한이 맺혀있는 것으로 보인다.

이렇게 삶의 가치를 인정받지 못하면 회피할 수밖에 없어지고, 그러함의 영향이 '황혼이혼'으로 세습되고 있다면 우리의 노인자살률 최고라는 불명예도 모성을 비하하고 홀대함으로 생기는 상호작용으로 볼수 있어, 백세시대 남자들의 자화상을 그려보게 된다.

▮ 이기와 이타, 인류의 고뇌

모성의 비하와 홀대가 남자들의 비지성적 이기심에서 비롯되었다면, 모성을 인정하고 존중해 주는 것은 지성적 인격성에 의한 이타심이 실현된 것으로 볼 수 있을 것이다. 이렇게 이기와 이타는 상호적이고 교호적인 동시성과 배제성을 가지고 있어 모든 이들을 고심하게 할 수 있을 것이다. 이기심이 발현되면 이타심은 잠재되어 없는 것처럼 보여지고, 이러한 현상은 한 가지 사안에 대해 어떤 것을 선택하게 하므로 고려라는 관점에서는, 이기와 이타는 동시성으로 검토되고 있으나 선택의 시점에서는 한쪽은 배제해야 하는 결과를 남기는 것이다.

이러한 것은 선택에서 고려와 검토의 대상일 때는 두 가지 성질이 경쟁하는 것처럼 보여져서 내면의 심리적 작용에서는 경쟁으로 인정할 수도 있지만, 선택되어 한쪽이 배제되어 버리면 외면적으로 충분한 분석이나 검토 없이 한쪽이 포기되어지는 냉혹함으로 보여질 수 있다. 이러한 현상이 나타나고 그러한 상황에 몰리는 것은 사람의 인격성이 복성적이라는 것을 보여주는 것이고, 그것이 동시에 실현되어 둘 다의 선택은 불가능하다는 것을 보여주는 냉엄함도 있는 것이다.

그것은 우리들 마음에서 작용하는 '생명의 성'과 '사랑의 성'이 함께 작용하는 것을 보여주는 것으로, 우리가 살아가는데 둘의 조화로운 선택과 실현이 그 사람의 인격성과 품위를 나타내는 것일 수 있다. 살아 있고자 하는 마음이 생기는 것을 '생명의 성'이라고 하고, 혼자 사는 것보다 함께 사는 것이 더 행복할 수 있다는 마음이 생기는 것을 '사랑의 성'이라고 하여 사랑하는 마음이 생겼다고 하는 것이다.

이러한 것은 주변에서 일어나는 일들에 대해 좋은 것은 모두 차지하고 싶은 절대적 생존에서, 그것을 서로 나누어 가져야 한다는 사회 규범적 가치에 양보하므로 내가 얻을 절대적 이익을, 교환하는 행위와 같은 것이 되어 동시성과 선택성 그리고 배제성이 함께 작용되는 것이다. 이러한 동시적 선택과 배제의 냉혹함 때문에 힘들어하고, 선택의 잘못이 생겼을 경우 후회하게 되고 배제된 것에 대한 외부의 비난을 받아야 한다면, 그것을 가슴 아프게 성찰하는 과정 전체를 '인류'가 벗어날 수 없는 어려운 점으로 봐서 '고뇌'라고 하는 것이다. 이것을 가장 합리적으로 선택하고 조화롭게 배제할 수 있어지는 것을 모두가 희망하고 있지만, 그렇게 할 수 없는 것을 경계하고 일깨워 주는 것들이 종교의 역할이고 철학이 존재하는 이유일 수 있을 것으로 본다.

살아있고자 하는 '생명의 성'은 몸이 시키는 것으로 마음의 본질에서 유래되었을 수 있을 것이다. 그래서 많은 경우의 수가 있다고 하더라도 자신의 생존에 유리할 수 있는 이기적 선택을 하는 것을 당연함이라고 할 수 있을 것이다. 그것은 '사랑의 성'인 이타적 행동은 최고 포식자가 된 후에 사회를 형성하고 그 사회가 더 큰 울타리를 만들어 가는 과정에서 다른 이들도 포용할 수밖에 없어서 만들어진 사회규범일 수 있어 아주 가까운 인적 관계가 아니면 이기적 선택이 선호되기 때문일 수 있다.

이렇게 자신의 생존에 유리한 이기적 선택을 했을 경우에 누구도 그것을 잘못되었다고 꾸짖을 수 없는 것으로 서로가 양해했을 수도 있기 때문이다. 그것은 그들도 그러할 경우 그러한 선택을 했을 것으로 서로가 암묵적으로 동의할 수 있는 여건으로 인정하고 있음에서일 것이다. 그러나 이기적 선택이 당사자의 생존과 관계될 수 있는 것이라면 그것을 당연한 것으로 모두가 인식했다는 배경에 의해 그것을 잘못으로 인정할 수 없어지고, 그러함에 의해 그것이 기억되지 않을 수 있음도 함께 봐야 할 것이다.

만일 그러한 선택에 이의를 제기하고 싶음이 있는 이는 그것이 불만스러울 수도 있지만, 양해될 수 있는 것으로 기억에서 지워버렸다면 그 일에 대한 반성이나 성찰은 불가능할 수 있기 때문이다. 결국, 이러한 묵시적 용인을 빙자해서 많은 그러한 일들이 반복되었을 경우, 상대적 불만을 가지는 이들이 한정될 수 있으면 그것은 심각한 저항을 숨겨둔 것이 될 수 있어 주의가 필요해질 수 있을 것이다.

결국, 마음이라는 것은 스스로의 생명인 몸을 지키는 역할이 우선될 수밖에 없고, 그것의 시작점이 몸일 수 있어서일 것이다. 그래서 생명이 있는 몸이 시키는 것이 마음의 본질일 수 있다. 그래서 생존을 선택하는 것은 너무도 당연할 수밖에 없다.

그것이 마음은 생명의 본질이고 몸과 일체화되어 있는 구분불능에 빠져있기 때문일 수 있다. 그래서 자기와 자아의 분리와 정립이 필요한 것이다.

3

안정의 토대

원시자연에서 살아올 수밖에 없었던 인류의 수
만 년을 무엇에 의지하고 수많은 재난과 살육의 공포를 극복할 수 있
었을까? 문명세상이라는 현재를 살고 있는 사람들도 삶이 두렵고 한
발 앞을 알 수 없어 막막할 수 있는 것은 비슷할 것 같다.

그것은 지금이나 그때나 두렵고 공포 서러운 일을 벗어나려면 하늘
의 무한한 힘에 의존하든가, 절대자인 신에게 의지하고 기도했을 수밖
에 다른 도리가 없었을 것으로 보기 때문이다. 이렇게 사람들은 오늘
의 삶을 안정되게 해달라고 하늘과 신에게 빌고 그 대가로 제물을 바
쳤을 것이다.

이러한 행위는 자신의 삶에서 행복을 느낄 수 있도록 오늘의 평안과
안정을 기대했기 때문일 수 있다. 이렇게 안정을 기도하고 원했다면 그

넣게밖에 할 수 없는 절실함이 있었을 것으로 보어질 것이다. 그러한 것의 절실함은 무엇이고 그것이 그렇게 필요할 수밖에 없는 것인지? 궁금할 수 있을 것으로 본다. 그것은 '지속'이라는 생명의 피할 수 없는 살아있음을 '보장'받고 싶었음일 것이다.

　그것은 생명체가 살아있지 않으면 존재할 이유가 없기 때문이고, 살아있고 그리고 삶에서 얻을 수 있는 그들만의 희망을 '누리기'를 바랐을 수 있을 것이다. 그렇다면 기도하고 바랐던 것은 생명의 '지속'이 우선일 것이고 그리고 부수적으로, 기왕에 살아있을 것이면 좀 더 행복할 수 있기를 희망하는 것이 하늘과 신에게 기도한 바람일 수 있다. 그것은 결국 안정을 바라는 절실함의 조건이 생명의 '지속'이었다는 것이고, 절대자와 하늘을 동원하는 수밖에 없었던 것은 지속을 바탕으로 하는 '행복'일 것이다.

　이렇게 안정과 안전 그리고 평안과 행복을 바라 막대한 제물을 받치고 수많은 시간을 기도한 수고가 삶의 지속이라면 '안정'이 필요한 토대가 '지속'일 수 있을 것이다. 이렇게 지속가능의 조건이 지켜질 수 없으면 안정은 불필요해질 수도 있을 것으로 보기 때문일 수 있다. 만일 '지속'이 보장될 수 없다면 '안정'은 없어도 되는 것이 될 수 있고 그렇게 되면, 그렇게 절실히 원했던 '하늘'의 무한한 능력이나 절대적 힘을 가진 '신'들이 필요 없어질 수 있는 것으로 귀결되는 허무함을 맡게 될 것이다.

　결국, 우리가 바라는 '안정'이라는 가치는 '지속'이라는 바탕의 수반 변수에 불과하다는 것이어서, 안정과 지속의 자리매김을 다시 보게 되

는 것이다. 우리는 언제나 안전과 안정이 우선인 줄 알고 지나왔는데 2
차적 요구가 안정이고, 그것을 필요로 하는 주체는 지속이라는 절대적
'신격'을 다시 정리해야 하는 문제를 풀어낼 수 있어야, 그것의 본질을
바로 볼 수 있을 것으로 생각된다.

그렇다면 우리의 원시 야생질서에 안전과 안정을 기도해서 절실함으
로 모셔온 '하늘'과 절대적 '신'의 존재 위에 '지속'이라는 원초적 생명의
'본질'이 있었다는 민낯을 보게 되는 것으로 봐야 하는 것인가? 그것
은 오늘을 사는 우리에게 생명의 '지속'을 누가 실현하고 보장하는 것인
가를 새롭게 봐야 하는 또 다른 문제에 부딪힌 것을 깨닫게 했다고 볼
수 있다. 그것이 우리가 그토록 차별하고 싶었던 여자들이 여성을 '포
기'하고, 모성으로의 '성전이'를 허용하는 베풂을 받았다고 볼 수도 있
어져서, 거대한 벽에 뒤통수를 부딪치는 멍청함을 어떻게 이해해야 할
까 두려워진다.

그렇다면 우리라고 속칭되는 남자들이 주장하는 '생명의 성'이 여성
들이 모성으로의 '성전이'에서 승화된, '사랑의 성'에서 유래 되었다는
것을 알게 되는 어리석음에서 시작되었다고 보는 것이 합당한 것이 아
닐까 물어보게 된다. 지금까지는 살아있어야 하기 때문에 생명만을 최
고의 가치로 보았는데, 생명의 지속이라는 힘의 가치에서 사랑의 가치
로 절대적 원초적 중력이 움직이고 있는 것을, 받아들여야 하는 것은
아닐까 머뭇거리게 되는 것은 무슨 이유에서일까?

그리고 힘이 지배하는 야생의 질서 그리고 그 힘의 교과서 같았던
자연의 질서에서 인문이 품고 키워 내온 '모성사랑'을 지성적 상식으로

문화인의 '소양'으로 인정해야 할 것으로 본다. 그것은 생명의 성과 사랑의 성이 함께할 때만 안정과 행복을 얻을 수 있다는 것을 알 수 있어졌기 때문이다.

만일 온 세상이 사랑이 없는 생명으로만 가득 차버리면 그 결과는 어떠할 것인가? 그것이 지속을 가능하게 해줄 수 있을까를 되돌아보게 되는 것이다. 사랑이 없는 생명은 폭력화할 수 있고 그것은 자멸로 갈 수도 있을 것이다.

▌부선모후

지속되지 않는 '안정'은 있을 필요가 없을 것으로 보여 안정을 위한 토대가 '지속'이라는 조건일 수 있을 것이다. 이렇게 안정과 안전은 지속가능이 보장될 수 있을 때 필요해지는 '수반조건' 요소라고 보는 가치가 '부선모후'일 수 있을 것으로 본다.

'부선'이라고 하는 것은 지속을 위한 조건으로 안정이 확보되어야 하는데, 그것을 남자들, 즉 아버지가 먼저 확보해 줄 수 있을 때 '모후'가 가능하다는 줄임말이다. '모후'라고 하는 것은 여자들이 어머니가 될 준비가, 남자들의 '부성'이 발현되어 주변 환경이 새로운 생명의 적응에 지장이 없을 만큼 확실해질 때, '모성'으로 전이가 시작될 수 있다는 뜻으로 보면 될 것이다.

이것은 절대안정이 보장되어야만 여성에서 생명지속을 위한 '사랑의 성'인 모성으로 '성전이'가 가능할 수 있다는 것을 보여주는, 절차적 정당성과 확실성을 보장받고 싶음의 선언적 요구를 '부선모후'로 나타낸 것이라고 보면 될 것이다. '부성'이 먼저 실현되어 그 확실성과 안정성을 신뢰할 수 있을 때 '모성'이 발현될 수 있다는 조건을 천명한 것으로 보면 될 것이다.

생명지속을 위해 모성이 작용할 수 있는 가능성과 절차성을 강조하여, 남자들의 책임을 확실히 하려는 요구사항으로 봐도 별문제가 없을 것으로 본다. 그것은 생명이 태어나서 사회가 지속될 수 있다는 가능성의 필요조건이, 임신에서 기본육아 만 2세까지 3년은 어머니가 절대적 전념이 필요하기 때문일 것이다. 그 후 3년 동안은, 즉 만 5세가 될 때까지 적극적 보육이 필요한 시간으로 보고, 다시 5년 동안, 즉 만 10세까지를 소극적 보육이 필요할 것으로 보는, 생명에서 최소한의 자립이 가능한 사람으로의 성장을 보장하려는 필요에 의해서 요구되는 것이다.

이러한 조건 중에 출산에서 '기본육아' 2년까지는 절대적 전념이 없으면, 생명지속을 보장할 수 없는 취약성을 가지고 있는 것이 생명지속의 '필요한계'로 보는 것 때문일 수 있다. 임신 중의 태아보육과 영아로서 기본육아 2년은 어머니가 다른 것을 할 수 없고 오직 자녀의 돌봄에만 열중할 수밖에 없는데, 그 기간 동안의 안정이 보장될 수 없다면 여성에서 모성으로의 '성전이'가 불가능하다는 것을 보여주는 것이다.

만일 그러한 최소한의 안정이 보장될 수 없다면 모성발현을 재검토해 봐야 하는 것이 될 것이고, 생명의 지속을 선택하는 희생의 수용을 스스로 선택하여야 하는 어려움을 맞을 수 있음을 참조해야 할 것으로 본다. 그리고 임신에서 출산의 과정과 영아로서의 생명은 너무도 취약해서, 주변의 도움이 없으면 어머니의 생명지속에도 문제가 생길 수 있고, 태아에서 영아로의 경과순간의 생명유지도 심각한 침해를 받을 수 있는 위험이 있어서일 것이다. 그 기간 동안을 잘못 판단하면 한 사람의 생명을 얻기 위해 두 사람의 생명을 위험에 몰아넣는 모험을, 스스로 감당할 수 있을까 하는 결단을 어머니인 여성이 해야 하기 때문임을 이해할 필요가 있을 것이다.

이렇게 출산과 육아는 사후성일 수 있고, 안정의 보장은 사전성으로 이미 실현되어 있어야 하는 요구가 또한 '부선모후'일 것으로 본다. 이것은 결국 사회의 안정과 사회의 지속이라는 두 가지 현안이 서로 '충돌'하는 현상으로도 보여질 수 있어, 예비부성과 예비모성의 힘겨루기로 보여질 수도 있는 위험이 있다. 그래서 넓은 의미의 안정인 '국방'과 넓은 의미의 지속인 '출산율'은 서로 영향성을 배제할 수 없을 것으로 본다.

그래서 안정이 선행되어야 한다는 의미에서 '부성'이 발현되기 전에 국방의 의무를 수행하는 것으로도 볼 수 있을 것이다. 그리고 실제 부성의 조건을 수행할 때는 병역의무가 종료되고, 직접생계의 안정을 책임지는 절차에 들어간 것으로 볼 수 있을 것이다. 이렇게 부성의 실현이 먼저 담보되어야 하는 필요적 요구성이 남성에서의 '부성'은 동거의 관계이고, 여성에서의 '모성'은 공존의 관계에서 영향되고 있을 것이다.

남성에게서 '사랑의 성'이 나타나는 부성은 어머니의 사랑에서 받은

'흔적'성이지만, 여성에서 나타나는 사랑인 '모성'은 직접 실현하는 '행적'으로 나타나기 때문에, 그 결합성과 밀도성에서 부성은 '열성'일 수 있고 모성은 '우성'이기 때문에 우열성을 인정할 수 있을 것이다. 이렇게 결합성과 밀도성이 낮다는 관계는 신뢰성의 수준이 높고 낮을 수 있다는 것으로, 동일한 조건으로 형성되는 계약이라면 신뢰 수준이 낮은 쪽이 먼저 이행할 때, 신뢰의 관계가 성립될 수 있음을 말하는 것이다.

이렇게 복성으로 발현되는 '생명의 성'은 같은 수준일 수 있지만, 함께 상호성으로 발현되는 '사랑의 성'은 모성이 훨씬 높다고 인정되어 부성이 선행되고 모성이 실현될 수 있어지는 관계도 '부선모후'라고 할 수 있을 것이다. 그래서 안정조건을 먼저 실행하여 신뢰를 보여주어야 모성으로 전이를 고려해 볼 수 있는 것이 된다.

▌사대와 북벌

우리는 모두가 알 수 없는 상태에서 '우리'라는 가치가 '나'와 같이 되었는지도 모르고 지나는 것 같다. 그것은 우리 속담에 '말이 씨가 된다.'는 말의 뜻풀이를 살펴보면 그것이 무엇을 추구하고 있는지 어렴풋이 알 수 있어질 것으로 보는 때문도 있을 것이다. 그렇다면 '우리'라는 말 속에는 개인적 가치보다 공동체 가치를 높게 봐줄 수 있다는 '양해'의 의미가 포함되어 있다고 볼 수 있을 것이다.

말이 씨가 되어 행동할 수 있는 원천으로 작용될 수 있다면 '나'라고 하지 않고 '우리'라고 하는 말 속에는, 모두 '함께'가 존중되고 있다고 묵시적으로 '동의'한 것으로 봐야 하기 때문이다. 그리고 '우리'라고 하는 가치는 '경쟁'과 '함께'라는 이중성도 포함되어 있는 것으로 보여져, 극한의 대립을 수용한 것으로 보여지는 면도 있는 것 같아서 일정한 관심과 살핌이 필요할 것으로 본다.

그것은 '우리'라는 말뜻 속에는 모두가 '동등'할 수 있다는 가능성을 포함하고 있어, 동등해지기 위한 '경쟁'이 불가피하다고 보는 생각도 허용해야 하기 때문이다. 그렇다면 우리 민족이 가지고 있는 '언어의 정체성' 속에 우리는 함께일 수 있는 동등을 위해 극한의 경쟁을 자극하는 것으로 잘못 해석할 수도 있음을 살폈으면 하는 것이다. 그러한 것이 조선 중기 임진왜란과 병자호란을 맞으면서 나라는 패망의 길로 접어들었는데 또 다른 싸움을 할 수 있는 계기로도 작용했기 때문일 것이다.

그것은 조선의 외교정책이 '사대교린'이라는 크고 강한 나라는 그 지위를 인정해 주고, 주변의 다른 나라들과는 서로 잘 지내는 것을 기본으로 한다는 의미로 보기 때문일 것이다. 그러한데 인조에서 효종으로 이어지는 국란의 극복 시기에 '북벌'이라는 가치가, 정책을 좌우할 수 있는 새로운 명분으로 작용하고 있는 것을 볼 수 있어 혼란스러움이 생겼기 때문이다. 그것은 '호란'이라는 침략을 도모한 세력이 '사대'를 해야 하는 청나라로 볼 수 있는데 또 그 나라를 무력으로 쳐서 벌을 주어야 하는 것이 함께하고 있기 때문으로 볼 수 있는 것이다.

'사대'를 한다는 것은 크고 강한 나라를 모시고 섬기겠다는 뜻을 포함하고 있는데 힘으로 제압해서 그들을 벌주어야 한다는 논리가, 과연 가능하고 정상적인 지성을 바탕으로 하는 정책적 가치가 될 수 있는가 하는 혼란을 피할 수 없기 때문일 것이다. 이러한 사대와 북벌을 동시화하는 가치는 있을 수 없는 불가능이 공존하고 있는 것으로 보여져 도저히 화합할 수 없는 가치로 보여지기 때문이다. 요즈음 흔히 회자되고 있는 '내로남불'이라는 이상한 속됨의 뿌리가 그때부터 싹틔워지는 계기로 작용한 것이 '사대와 북벌'이라는 정체성의 혼란으로 봐질 수 있어 그러한 것이다.

그렇다면 그러한 불합리가 사백 년을 이어져 왔다고 볼 수 있어, 그 기간 동안에 어떤 일이 발생하고 또 어떤 혼란을 민족 모두가 겪었을까 하는 걱정이 생기기 때문일 수 있다. 그것이 식민의 망국으로 가는 36년간의 일제강점기로 볼 수 있는 우려가 있어 어떻게 해석해야 할까에 민족의 슬기가 필요할 것으로 보여져서, 원인을 제공한 조선조 '군자'를 자칭한 선비들을 다시 볼 수 있는 계기가 생길 수도 있어서이다.

결국, 양난을 지나면서 유학의 덕목인 '수신-제가-치국'이라는 과정이 오해될 수 있는 빌미를 주었을 수 있어서 우려되기 때문이다. 젊은 선비들이 '군자'가 되기 위해 스스로 몸을 갈고 닦아서 군자의 자질을 키워내고, 집안을 잘 다스려서 이웃의 모범이 될 수 있는 것을 '수신과 제가'라고 할 수 있고, 그러한 수련과 모범적 처신이 나라를 다스릴 수 있는 '치국'의 군자로 가는 길일 것이다.

그런데 치국에서 잘못을 해서 40여 년 동안 네 번(임진-정유-정묘-병자)의 전쟁으로 망국의 길로 이끌었다면, 분명 그들은 '불량군자'였을 수 있을 것이다. 결국 '불량군자'를 찾아 책임을 묻고 반성을 해야 다시 설 수 있는 '명분과 힘'이 생길 것인데, 서로가 불량군자를 단죄하기 위해 수단과 방법을 가리지 않은 것이 '모로 가도 서울'로 온 벼슬살이에 의해, 서로를 숙청하는 '수신과 제가'마저 무시한 '가짜 선비'를 양산했을 수는 없는 것일까 하는 우려가 생기는 것이다.

결국 '꿩 잡는 게 매'가 된 불량군자와 가짜 선비가 수단과 방법을 가리지 않고 살아남은 흔적들이, 오늘날의 '능력주의'와 '금권주의' 또는 연맥을 활용한 불량과 가짜로 이루어진 '이권동맹'에 의해 파당을 만들고, 자신의 권력을 지키려고 명분 없는 극한 대립으로 간 것은 아닐까? 묻게 된다.

▌ 군가산점

우리는 일제 강점의 식민지에서 독립하는 과정에서 남과 북으로 분단되는 민족적 불운을 맞게 되었고, 그것이 벌써 70년 이상을 서로가 적대시하는 시련을 감당하게 하고 있다. 이러한 분단은 결국 서로의 체제가 우월하다는 경쟁을 할 수밖에 없어졌고, 그것이 군사적 대치로 이어지는 불행을 겪고 있다.

오랜 시간의 군사적 대치는 필연적으로 모두에게 무겁고 힘든 국방의 의무가 모든 남자들에게 피할 수 없는 통과 의례처럼 족쇄가 될 수밖에 없었고, 그것은 새로운 문제를 야기시키고 있는 것이다. 그것은 건강한 남자들이 모두 일정한 시간 동안 군대라는 격리된 생활을 할 수밖에 없고, 군역을 마치고 나서 취업이라는 남녀공통의 과제를 맞아야 하는 것을, 평등하지 않다고 하는 불만이 나타나고 있기 때문일 수 있다. 남녀가 공히 대학이라는 교육과정을 마치고 취업을 해야 하는데, 군 복무 기간만큼 취업 준비에 남자들이 지장을 받고 있다는 설득력 있는 주장 때문인 것이다.

남녀의 학업 수준이 다르거나 대학졸업자가 50% 전후일 경우는 취업전쟁이라는 사회적 문제가 생길 수 없는 상황이었으나 대부분의 젊은이들이 대학을 졸업하는 전문교육의 보편화 시대가 되면서, 일자리 부족이 결국 전쟁으로까지 비칠 정도가 되었기 때문일 수 있다. 그러다 보니 취업시험에서 여자들이 유리할 수 있다는 불평등을 해소할 수 있는 대책을 요구할 수 있어졌다는 것이다.

이러한 불평등이 빌미가 되어 남녀구분에서 세대별 구분으로까지 사회적 관심들이 분리되면서, 이십 대 청년들에게서는 '이대남'과 '이대녀'라는 세대 내 성별 분리까지 사회를 구분하려는 문제가 발생되었기 때문이다. 그렇다면 '사회의 안정을 위한 기여'와 '사회지속을 위한 기여' 중 어느 것을 우선순위에 두고, 그들의 기여도를 인정해야 할까 하는 의문이 생길 수 있어서이다.

최근 수년 사이에 젊은이들이 공무원시험을 선호해서 많은 이들이 공시족이 되었다는 것은 이미 지나간 이야기일 수 있는데, 그러한 시험에서 여자들의 합격률이 높은 결과적 현상에서는 일부 인정되는 바도 있다고 본다. 그러나 사회적 안정에 대한 기여만을 인정해서 취업절

차에서 가산점을 줄 수 있어진다면 사회지속을 위한 기여에도 합당한 기여도를 인정할 수 있는 것이 합리적일 수 있다고 볼 수 있을 것이다. 그렇다면 이 문제를 어떻게 풀어야 할까 하는 의문이 생길 수밖에 없고, 현실사회에서 승진과 연봉에서 남자들이 우대되고 있지 않나 하고 생각할 수도 있기 때문이다.

그것은 여자들의 '사회지속을 위한 헌신'이 출산과 육아라는 피할 수 없는 어려움을 감수하는 과정에서, 휴직과 복직에 따른 불이익을 사회가 고려해 줄 수 있는 것이 '먼저'라고 생각해서일 것이다. 결국, 이러한 것은 남북이 갈려있는 우리나라만의 문제로도 볼 수 있어, 분단이 가져오는 사회적 피해와 비용이 생각보다 매우 클 수 있다고 생각되어 그것을 다시 보게 되는 것이다.

그렇다면 이러한 피해와 비용을 부담하면서 서로가 잘났다고 주장하는 체제경쟁에, '어느 쪽이 합리적이라고 인정할 수 있을까?'로까지 생각이 미치게 되는 것을 어떻게 해야 할까 궁금해질 수 있다. '우리'라는 가치는 남북을 포용할 수 있는 가치로도 볼 수 있고 또 경쟁과 동등을 시도할 수 있는 동기와 힘이 될 수도 있어 더욱 관심사가 될 수 있다. 우리 민족이 품고 있는 '우리'라는 정체성이 남과 북에서 어떻게 나타나고 있는지 살펴볼 수 있는 기회도 될 수 있을 것이다. 그것은 남과 북은 한민족으로서 민족정서의 정체성도 같다고 보는 때문에서 살펴보자는 것이다.

우리가 추구하는 '우리'라는 가치의 동등은 '인격적' 동등을 추구한 것으로 볼 수 있고, 북에서의 동등은 '물질적' 동등을 시도한 것으로도 볼 수 있기 때문이다. 인격의 동등은 낮은 쪽에서 높아져야 하는 동등일 수밖에 없을 것으로 봐서 그러한 다름을 볼 수 있을 것으로 본다. 물질적 동등은 많은 쪽에서 나누어 모두가 같아지면 동등이라는 가치가 실현되었다고 볼 수 있어서이다. 그러나 인격적 동등은 높은 쪽이 낮추면 그것은 더욱 돋보일 수밖에 없는 묘함이 있기 때문에, 낮은 쪽에서 높이는 것이 불가피할 수 있다는 것이다.

물질적 동등은 쉽게 단시간에 달성할 수 있지만, 인격적 동등은 오랜 시간이 필요하기 때문일 수도 있다고 본다. 그래서 분단 후 초기의 경쟁에서는 북쪽이 훨씬 유리할 수 있었지만, 시간이 흐를수록 남쪽이 유리해질 수밖에 없음을 알 수 있게 해서이다.

4

힘으로 덮다

우리가 흔히 성 소수자라고 하는 이들은 남성이나 여성 어느 쪽에도 속하지 않는 '형상의 성'을 가졌거나 또는 형성의 성은 남성인데 '행동의 성'은 여성인 경우와 형상의 성은 여성인데 행동의 성은 남성일 경우, 양성으로 분류되는 기존의 성 정체성에는 어느 쪽에도 속하지 않는 것으로 보아 제3의 성으로 인정하려는 것으로 본다. 이것은 지금까지는 남성 또는 여성으로 분류되어 있었으나 그 성 정체성이 모호해서 제1의 성이나 제2의 성에서 제3의 성으로 변경하려는 것으로 볼 수 있어, 그것을 '성변이'라고 할 수 있을 것이다.

이렇게 본래의 성(性)에서 새로운 성(性)으로 변이하는 것이 아닌 여성에서 모성으로 전환되어지는 것을 '성전이'라고 할 수 있고, 이러한 '성전이'는 생명필요에 의한 목적이 달성되면 본래의 성(性)으로 복귀되는 것으로 보면 될 것이다.

이렇게 '성전이'와 '성변이'는 구분될 수 있는 것으로서 남성으로서는 성전이가 불가능할 수 있다고 볼 수 있는 것이다. 그것은 남성이 여성으로의 '성변이'는 가능할 수 있지만 그렇게 하여 여성으로 변이되었다 하더라도, 모성으로의 '성전이'가 불가능함으로 남성들은 성전이가 인정될 수 없을 것으로 보는 것이다. 만일 이렇게 성변이가 되었을 경우 그것은 제3의 성으로 성 정체성에서 안정을 얻으려는 것으로 볼 수 있기 때문이다.

그렇게 되면 남성들은 '성전이'에 대한 이해도가 전연 없을 수 있는 상태에서 모든 사회의 의사결정권을 가지고 있는 것이 될 수 있어, 여성에서 모성으로 그리고 모성에서 여성으로의 '성 감수성'은 빈약할 수밖에 없을 것으로 본다. 이러한 것이 최고 포식자가 갖는 한계성일 수도 있을 것이다.

그것은 피포식자의 경우는 내일까지 살아있어야 하는 생명의 본질 때문에 오늘 지금의 살아있음이 제일 중요할 수 있는데, 최고 포식자는 내일까지 살아있을 가능성이 보장되어 있기 때문에 오늘 지금 살아있는 것은 별 의미가 없을 수 있다는 것이다. 그래서 오히려 살아있음이 보장되어 있는 내일을 어떻게 사는 것이 행복할 수 있을까가 제일 중요할 수 있다는 것이다.

그렇다면 내일을 살아볼 수 있는 어떤 자료도 없기 때문에 어제를 어떻게 살았는지를 되돌아보고, 무엇을 바꾸면 더 행복해질 수 있을까를 반성하는 것이 곧 내일이 행복해질 수 있는 방법이 될 것이다. 이렇게 최고 포식자가 지난날의 성찰 없이 오늘만 그리고 지금만을 생각한다면 그들의 피포식자가 했던 길을 따라갈 수 있는 가능성을 높여준다고 할 수 있을 것이다. 우리가 살고 있는 현실 사회에서 최고 포식자는 사람이라 볼 수 있고, 그들 중에 남자들을 모두의 최고 포식 위치에 있다고도 볼 수 있을 것이다.

그렇다면 남성들의 성찰 유무가 그들이 살아가는 행복에 가장 많은 영향을 줄 수 있다고 보는 것이 또한 가장 합리적이라고 생각할 수 있을 것으로 본다. 많은 사회적 관계에서 상호반응성을 보면 힘 있는 자가 양보하면 그것을 '어질다'고 할 수 있고, 힘 있는 자가 베풀어서 배려할 경우 그것을 '자비롭다' 할 수 있을 것이다. 그리고 힘없는 자가 가장 약한 자를 위해 희생할 수 있는 헌신을 자애롭다고 해서 그것을 '사랑'이라고 표현할 수 있을 것이다.

이렇게 힘을 가진 이들이 그들의 힘을 활용할 수 있는 방안은 여럿일 수 있으나 그것을 선택하고 실행하는 것은 오직 그 당사자만 가능할 수 있을 것으로 본다. 그러나 '생명의 성'에서 '사랑의 성'을 실현할 수 있는 경우는 모성만의 고유 영역으로 볼 수 있어서, 여성들의 모성으로 '성전이'는 자긍심을 현실체험으로 실현할 수 있어 사랑이 무엇인지를 실체화할 수 있지만, 남성들은 성전이가 불가능할 수 있어 그러한 것에 열등감 같은 것이 생길 수도 있을 것으로 본다.

절대 체험으로는 '지속을 위한 사랑'을 실현할 수 없는 심리적 결핍 때문에, 모든 것을 힘으로 밀어붙여서 우월함을 인정받으려고 했을 수도 있을 것이다. 그렇지 않다면 신화적 '원죄론'까지 동원해서 자신들의 지배력을 강화하려 했을까 하는 것이다. 결국, 모든 것을 힘으로 덮으려 했을 수 있다고 인정할 수밖에 없는 현실들이, 여러 곳에서 출현하고 있는 것도 성찰해야 하는 최고 포식자로서 품격이 필요해질 것으로 본다. 우선 여성들의 성전이의 숭고함과 두려움을 함께 살펴줄 수 있는 힘 있는 자의 양보가 실현될 수 있으면 그것을 어질다고 해서 '인자'함을 칭송받을 수 있을 것이다. 생명지속의 체감(体感)적 현실은 신생아로의 출생으로 볼 수 있을 것이고, 이때의 자신은 너무도 작고 약함의 극치를 보여줄 수 있어, 어머니의 보듬음이 너무도 크게 느껴질 수 있으며 절대적 힘의 강자가 어머니일 수밖에 없을 것이다. 이렇게 큰 힘이 스스로 힘없고 약하다고 생각되는 생명에게 한없는 너그러움으로 품어주는 행위는 '자비'로울 수밖에 없다고 보는 것이다.

그리고 생명으로 시작될 수 있게 사랑하는 마음으로 선택해 주고 몸 안에 품어서 키워내고 다독이는 지극함에서, 태아성의 생명이 느끼는 끝없는 편안함을 '사랑'이라고 의식해서 '초의식'으로 인식되었을 것으로 본다. 이러한 사랑의 숭고함은 힘으로 할 수 있는 '무지'의 영역이 아니고, 모두를 있게 한 '성역'으로 볼 수 있을 것이다.

❙ 둘레길 인문학

사람들이 살아온 인생길에서나 또는 삶의 과정에서 여행이나 등산 등의 수많은 길목에서 남겨진 추억들이 있을 것으로 본다. 그런데 우리가 사진이나 어떤 사물 또는 사람과의 관계에서 특별히 추억할 수 있는 것도 있고, 그냥 잊고 지나는 것도 있을 것이다. 이렇게 삶에서 느끼는 모든 길목마다에서 추억은 언제나 되새기게 되고 기억할 수 있을 것으로 보는데, 그 외의 일반적인 기억들은 잠재되어 없는 것으로 묻어두고 살아온 것들이 더 많은 것으로 본다.

그러나 이렇게 잠재되어 기억 속에 살아져 버린 것으로 인정되었던 느낌들도 그러한 현상에 다시 노출되든가 아니면 지나온 그 길에 다시 들어서면 온전히 잊어져 없는 것으로 생각되었던 기억들이, 새록새록 살아나서 그때의 느낌을 온몸으로 느낄 수 있는 경험들을 해보았을 것으로 생각된다. 이렇게 경험했거나 보았던 '흔적'성 느낌들은 없어진 것이 아니기 때문에 다시 살아나는 것으로 볼 수 있을 것이다. 이러한 것들을 '지나온 길에 두고 온 기억'이라고 할 수 있다.

그것은 그 길에 다시 가야만 살아나는 추억이 되는 것이어서 그러한 것을 오래도록 잠재기억으로 가지고 있기 때문에 살아난다고 볼 수 있을 것이다. 만일 그러한 기억이 잠재된 상태로 저장되어 있지 않다면 그러한 현상을 보거나 지나온 길에 다시 가더라도 생각나지 않아야 될 것으로 본다. 이렇게 수많은 기억이 저장되어 있지만 없는 것으로 잠들어 있는 상태로 쌓여있는 것들을 '잠재성 기억'으로 볼 수 있을 것이다.

그렇다면 수많은 세대에 걸쳐 수많은 잠재성 기억들이 쌓여있을 수 있는 것을 인정할 수 있을 것이고, 그것이 다음 세대의 행위자가 그곳을 가게 되면 '기억'으로 살아날 수는 없지만 흔적성 '느낌'이 되어, 그때의 느낌으로 되살려져서 알 수 없는 어떤 인식으로 나타나는 것을

'육감'이라고 할 수 있을 것으로 본다. 그것은 수많은 세대 수많은 반복에 의해 기억된 잠재성 기억들이, 그곳에 가본 경험이 없는 후세대 사람들에 의해 그러한 느낌으로 살아날 수 있는 것으로 보기 때문일 수 있을 것이다.

이러한 것의 '유산'적 느낌이 숲에 갔을 때 느끼는 모든 사람의 편안함 같은 것일 수 있다. 그것은 원시 태초의 조상들이 그리고 그 후의 많은 선조들이 숲을 의지하고 숲속에서 행복함을 느끼면서 살았을 수 있을 가능성 때문으로 볼 수 있다. 그러함의 흔적성 욕구가 요즈음 많은 사람들에 의해 '소환'되는 현상이 둘레길의 일반화로 볼 수 있을 것이다. 지금은 대부분의 지방자치단체나 도시 주변에 숲길, 오솔길 또는 산책로 형식의 둘레길이 마련되고 있는 것도, 그러한 잠재성 느낌들이 살아나고 있는 '흔적'성 요구에서 찾을 수 있다고 보는 것이다.

우리나라 둘레길의 효시 같은 것이 '제주 올레길'로 볼 수 있는데 그 길을 산책하던 어떤 여성분이, 돌아올 수 없는 참사를 겪게 되는 일이 생겨서 모두를 가슴 아프게 한 기억이 있다. 그런 후부터 각 지방의 산책로나 등산로 형 숲길에 주의를 권고하는 형식의 홍보성 표어들이, 둘레길 여기저기에 게시되는 사후 약방문의 조치들이 있었다. 그것은 둘레길을 관장하는 지역 경찰지구대에서 작은 표지판을 만들어 등산로 곳곳에 '여성 혼자 산행은 위험해요.'라든가, '함께하는 산행, 안전한 산행'이라는 여성의 주의를 요구하는 표시판이 걸렸기 때문이다.

그것은 여성 혼자의 산행을 위험하게 하는 요소가 멧돼지나 고라니 같은 야생동물일 수도 있지만, 주의성 문구가 지목하는 대상은 사람일 수 있다는 암시 속에 같은 여성보다는, 남성을 지목할 가능성이 높다는 것이 새로운 문제로 나타날 수 있을 것으로 본다. 그래서 2~3년 후 새로 게시된 주의 권고 표시판에는 '이른 새벽 자제, 늦은 시간 자제, 여성 단독 산행 자제, 휴대폰 소지'라는 문구로 내용이 바뀌게 되어서, 그러한 우려를 줄이고 필요한 주의 사항은 게시한 것으로 볼 수 있다. 이러한 홍보성 주의 문구의 선택에서 몇 가지 생각해 볼 것들이 있을 것으로 본다.

그것은 홍보성 문구를 선택하고 결정하는 의사결정의 주체를 어떻게 보느냐의 관점일 것이다. 우리 사회의 현실은 의사결정의 주도권을 남자들이 가졌을 수 있다는 전제가 있을 것으로 보는 때문에서 고려가 필요할 수 있어서이다. 만일 남자들이 주도적으로 홍보문구를 만들고 그것도 남자들이 여러 건의 문구 중에 그러한 것을 선택하도록 결정했다면 그들의 사고 바탕에 어떤 잠재성 흔적 같은 것은 없을까 하는 것이다. 그것은 여성 혼자 산행의 위험요소를 남성들로 볼 수 있다는 가정을 인정한다면, 여성들을 위험하게 하는 대상이 남자들이라는 것으로 귀결되기 때문이다.

결국, 남자들은 사람의 본성이 아닌 짐승의 기질이 숨어있을 수 있다는 것을 스스로 인정하는 것으로 오해할 수 있음에서 그러하다. 신화를 바탕으로 하는 '신상'들이 많은 경우 남자의 모습을 하고 있는데, 그렇다면 '신'들도 믿을 수 없어지는 결과로 되어 형상을 보지 말고 마음을 봐야 해서 그러할 수 있다.

❙ 신의 형상으로 사람을

사람들은 태어나면서 가장 먼저 구별하고 판단해야 하는 것이, 자신을 보듬고 챙겨주는 사람과 그렇지 않은 이를 의식할 수 있어야 하는 '인식'일 것으로 본다. 그렇지 않으면 그가 살아가는 데 많은 유리함을 스스로 포기하는 것과 같은 결과를 낳을 수 있기 때문이다. 그리고 조금 성장하면서부터는 스스로가 어떤 정체성을 가지고 태어났는지를 의식하고 '분별'하는 과정일 수 있을 것이다. 그것은 우선 외형적 형상과 행동의 표현들이 남자와 여자로 구분될 수 있기 때문으로 볼 수 있을 것이다.

남자의 형상을 한 사람과 여자의 형상을 한 사람들이 각기 다른 행동을 하거나 서로 다른 옷을 입고 있다면, 그것이 '왜 그러한가?'부터 알고 있어야 자신이 어느 쪽에 속하고 있는지를 살필 수 있을 것이기 때문일 수 있다. 그래서 자신에게 가장 중요한 이들이 어머니와 가족이라는 것을 '인식'하게 되고, 그다음에는 스스로 어떤 행동을 해야 하고 어떤 옷을 입으면서 살아야 하는지를 '분별'하는 과정으로 볼 수 있다.

이것은 스스로 하고 싶어서 하는 것이라기보다는, 그렇게 하지 않으면 살아가는 데 많은 불편함이 있을 것으로 받아들여지는 것이어서, 자신이 보고 느낀 다른 이들이 모두 그러한 형식의 굴레 속에 있다는 것을 깨달아 가는 과정이기 때문으로 본다. 그래야 내가 앞으로 무엇을 할 수 있을 것이고, 무엇을 하려는데 제한이 있을 것이라는 것을 인식하고 적응해야 하는, 이미 이루어지고 있는 어떤 질서 같은 것에 익숙해질 수 있어서일 것이다. 그러한 과정들과 절차들은 스스로 살아가는 지혜일 수도 있지만, 그것이 자신의 정체성이 정립되어 가는 과정으로 삶에서 중요한 변환점도 될 수 있기 때문이라고 본다.

그것은 외형적 모양이 속하는 성별을 의식해서 그러한 옷을 입고 그들 성별로 구분되는 행동을 따라 하면서 성장하는 과정은, 자신이 선택한 것이라기보다는 이미 이루어져 있는 질서에 살아남기 위해서 적응한 것으로도 볼 수 있기 때문이다. 그렇다면 충분히 성장해서 자립이 가능한 수준으로 모든 것이 가능했을 때 그것을 다시 돌아볼 수 있어질 것이고, 그러함의 결과가 자신이 수용할 수 없는 것으로 받아들여졌을 때 새로운 문제가 발생될 수 있음에서이다. 그러함의 결과가 '형상의 성'은 남성 또는 여성으로 태어났는데, 살아가면서 자신이 하고 싶은 '행동의 성'이 달라질 수 있기 때문으로 볼 수 있다.

그것은 스스로 남자의 행동이 더 잘 어울리고 그것이 마음에서 쉽게 받아들여진다면 여자라는 '형상의 성'과 서로 충돌할 수 있을 것이고, 그것이 살아가는 데 심각한 고통으로 받아들여진다면 행동을 바꾸는 것과 형상을 바꾸는 것을 진지하게 고려해 보았을 것으로 보기 때문이다. 이러한 경우는 서로 다른 성별에서의 경우도 같을 것으로 볼 수 있고, 그렇다면 남은 인생을 어떻게 하는 것이 행복할 수 있을까 오랜 시간을 고민할 수밖에 없고, 자신의 행복을 위해 본래의 성별에서 행동하고 싶은 성별로 변환하는 것이 합리적이라고 선택되어진 것이, '제3의 성'으로 분류되어진 성 소수자들의 '아픔'이었을 것으로 보는 것이다.

이렇게 어떤 형상에 대한 기존의 인식이 확립되어 있고 그것이 모두의 잠정적 동의로 고착되어 있을 경우, 그것은 어쩔 수 없이 그들의 질서 같은 것으로 자리 잡을 수밖에 없을 것으로 본다는 것이다. 이러한 관습적 암묵적 질서는 규범화할 수 있고 그렇게 되면, 원하지 않았더라도 그러한 방식으로 모든 것을 제한하고 규제할 수밖에 없는 것이, 함께 살아가는 사회의 군중심리나 공감대 같은 것이 될 수 있을 것이다.

그렇다면 신화에서 "신의 형상으로 빚고 사람이라 했다"는 구절은, 어쩔 수 없이 사람이라는 생명체는 '신의 형상을 했기 때문에' 신의 행동형식을 따라야 한다는 질서적 규범화로 볼 수 있을 것이다. 그것은 신들은 절대불변의 '진리'를 추구해야 하고 영원히 변치 않아야 한다는 절대 질서를 신봉할 수밖에 없는 '굴레'를 쓴 것으로 보는 것이 합리적일 수 있다.

이렇게 '형상'에 의해서 '행동'이 지배받는 '왜곡' 같은 것이 'X'성으로 분류되는 그들의 고통이었을 수 있을 것이다. 그렇다면 '신의 형상'으로 빚어진 형상의 굴레 때문에 사람들이 마음속에서 하고 싶은 행동들이 제한받았을 수 있을 것으로 보는데, 그들의 남은 삶에서 행복한 삶은 과연 어떤 것으로 봐야 할 것인가?

▎부부안정, 사회안정

세상을 살아가는 모든 사람들은 어머니의 영향에서 자유로울 수 없을 것으로 본다. 그것은 누구나 성장하는 과정에서 삶을 익혀가는 준범으로 어머니의 행동철학이나 생활습관 그리고 심리적 안정과 불안 등에서 영향을 받았을 것으로 보는 것과 함께, 그러한 것의 영향이 일부는 내게도 관계되는 것으로 보는 일반론적이고, 직접적 혈연성을 분리할 수 없기 때문으로 보는 것이다.

그것은 출생하여 세상의 모든 준범의 기본이 형성되는 과정을, 어머니가 통제하거나 영향을 주었을 수밖에 없는 생명관계성 때문일 수 있다. 생명관계성은 서로가 잘 융합되어지는 관계에서 서로 다른 반응을 할 경우, 안정을 해칠 수 있는 잠재성 갈등의 원인으로도 작용할 수 있음에서 그러하다. 그것은 영아성에서 소아로 성장하는 과정에서 어떤 사회적 원인이나 생활관계에서 갈등이 발생할 경우, 그것이 불편요소로 작용할 수 있어지고 이러한 어머니의 '불편'성이, 생명관계성인 자녀들에게 영향으로 작용할 수 있음을 '우려'하기 때문으로 보면 될 것이다.

결국, 어머니의 불편함이 성장기 자녀들의 '불안'으로 느껴질 수 있고, 이런 불안함 속에 노출되어 생활이 지속되면 그러한 상태가 해소되지 않고 나비효과를 줄 수 있음을 고려하자는 것이다. 그것은 생명관계성의 짙고 강함이 사회관계성에 영향요소로 작용하는 모순적 관계가 될 수도 있고, 그것이 새로운 가족관계가 형성되어질 때 사회관계성으로 영향효과가 나타나면서 '관성'화를 유도할 수 있지 않을까 우려하게 되는 것에서이다.

이렇게 어머니가 행복하지 않은 어떤 원인들이 사회관계나 생활관계 속에서 나타나는 경우, 그것이 다음 세대의 사회보편의 일반정서 형성에도 '영향'화할 수 있고, 그러한 것의 나비효과가 확장되어질 경우 나타날 수 있는 사회적 '갈등'을 살피는 여유를 바라는 것이다. 그렇다면 어머니는 어디서 시작되는지부터 살펴야 할 것으로 보며, 그 시작에서 어떤 것들이 사전에 고려되어지고 양해되어져야 할 것인가에 지혜로운 대처를 요구하게 되는 것이다.

우리는 어머니의 시작을 부부관계에서 시작되는 것으로 보면 그 부부의 상대역인 남자들의 영향이 가장 크게 '작용'하여 영향을 줄 수 있다는 것부터 살펴야 할 것으로 본다. 그리고 부부관계는 어느 한쪽만의 관계에서 시작되는 것이 아니고, 둘의 관계가 상호성으로 동시적으로 작용하고 있음을 함께 살펴져야, 어머니의 불편요소를 살피는 데 도움이 될 것으로 본다.

그것은 직접적으로는 부부의 상대역인 남편들이 배려할 수 있으면 매우 바람직할 수 있을 것으로 보고, 그러한 배려가 '성전이'의 두려움과 고통도 살펴주기를 바라는 것이 포함되어 있다고 보면, '모성'을 발현하려는 아내의 입장에서는 행복할 수 있을 것이다. 그리고 남자들의 인문적 '소양'이 선진적 정서에 의해서 이해되고 '배려'되어지는 것에도 상호적일 수 있음이 물론 고려되어야 할 것으로 본다.

그것은 한쪽의 일방적인 고통을 요구하는 것도 그것을 감수하라고 강요되는 것이 아니고, 여성에서 모성으로의 '성전이'가 얼마나 숭고한 것인지를 서로 이해할 수 있어야 하고, 생명지속을 위한 '사랑의 성'의 위대함도 함께 존중되어질 수 있을 것이며, 생명지속의 사랑이 생명을 위협할 수 있는 모험도 포함되고 있음도 알고 있어야 하고, 그러한 모험과정이 삶의 과정에서 최고의 취약성을 가지고 있음도 함께 알고 있을 필요가 있음에서이다.

그리고 생명의 탄생은 그 시점 전후로 3년간의 절대적 안정이 보장될 수 있어야 하는, 장기적이고 지속적인 '믿음'이 바탕으로 작용할 때 가능할 수 있다는 것을 먼저 알고 있고, 준비되어야 할 것으로 보는 것 때문이다. 그리고 아이의 최소 자립이 가능한 10년 이상을 그러한 신뢰가 끊임없이 '보장'되어야 한다는 것도, 부부로 시작되기 전에 충분히 알고 실천할 수 있는 '준비'가 되어있기를 바라는 것이다. 그리고 이러한 것들이 상당한 어려움이 있는 과정에서도 지켜져야 하고, 일시적 심리적 충격 때문에 믿음에 상처가 생길 수 있는 힘의 오용이 없어야 하는 전재도 필요할 것으로 본다.

그것은 통계청에서 발표된 자료에서 우리나라 이혼 건수가 혼인 건수의 과반을 초과하는 조사결과도 그렇지만, 총 이혼 건수 중에 황혼이혼 건수도 40%에 가깝다는 결과와 전체 이혼사유의 반 정도가, '성격 차이'로 나타나는 심각성도 한번 살펴보는 지혜가 필요해서이다. 그것은 성격 차이가 절대불변의 것이 아닐 수 있다는 것이다.

그것은 서로가 조금씩 양보하면 해소가 가능할 수 있다는 것과 기본적으로 성격은, 선조들의 오랜 행적에서 습관성 관성이 마음으로 작용해서 나타나는 현상이기 때문에, 충분한 융통성이 있을 수 있음을 말하는 것도 있을 것이다.

제4장

새
롭
게

보
기

전연 다른 삶의 혼란

사람이 '복성'적 인격체임은 모두가 알고 있을 것으로 본다. 그것은 각자의 마음속에 남들을 아끼고 배려하는 마음이 있는 것은 물론이고, 때에 따라서는 때려주고 싶을 정도로 미울 수도 있는 것이어서 그렇다는 것이다. 그러한 정서의 변화는 상대방의 행동이나 마음 씀씀이에 영향될 수 있는 효과도 있지만, 기본적으로 그러한 두 가지 이상의 감성이 마음에 담겨져 있기 때문에, 그러한 마음이 생기고 또 충동질될 수 있을 것으로 보는 것에서 그렇다.

그렇다면 모든 사람들이 때에 따라 또는 상황의 유리·불리에 따라 이기적이 될 수도 있고, 이타적이 될 수도 있다는 것을 모두가 알고 있는 것이 될 수 있을 것이다. 그러한 '복성'적 마음의 발현에서 가장 중요할 수 있고 우리의 지속에 핵심 필요정서 이면서도 별로 살펴주지 않는, 여성에서 모성으로의 '성전이'를 새로운 관점에서 다시 보자는 것이다.

그것은 이기와 이타로 포괄되는 '생명의 성'과 '사랑의 성'은 순간변화적일 수도 있어, 그러한 감성이 발현되는 시간의 길이가 짧고 제한적이어도 특별한 문제가 되지 않을 수 있을 것이다. 그러나 여성에서 모성으로의 '전이'는 성 소수자들의 제3의 성으로 '변이'와는 또 다른 특성을 가지고 있기 때문일 수 있다. 그것은 최소한 한 번 이상 발현되어 최소 3년 이상을 지속하는 복성의 잠재와 발현의 과정이고, 필요시 그것이 수회 반복할 수도 있고 일회성으로 종료될 수도 있으나 결국에서는 모성에서 여성으로의 복귀는 필연이라는 것에서 많은 다름이 있을 것으로 볼 수 있다.

성 소수자들의 '성변이'는 일회성으로 끝날 수 있지만, 모성에서 여성으로의 복귀와 여성에서 모성으로의 전이가 반복될 수 있음과 그 필요시간의 길이가 상당히 길어서, 당사자의 일생을 좌우할 수 있는 삶의 가치 모두와도 대체될 수 있음에서, 기본권적 입장과 행복추구권적 소구를 따로 살펴주는 지혜가 필요할 수 있기 때문일 수 있다.

그것은 우리 사회가 가족보다 '돈'을 추구하는 성향이 높은 사회적 가치 때문에 여성들이 모성실현 이후 사회인으로 복귀하고, 생활전선에 함께할 수밖에 없는 현실적 문제가 또한 휴직과 복직으로 반복되는 부담을 이중으로 주고 있고, 그것의 애로점이 일회성일 수 없다는 데서 사회지속을 위한 '기여'를 인정해 줄 수 있는 공감대가 필요하기 때문으로 보는 것이다. 결국, 이러한 경력단절의 혼란과 정착 등이 성 소수자들이 겪어야 하는 일회성 변이와는 차별적일 수 있어, 제3의 성으로의 기본권적 인권을 인정하는 '추세'라면 이러한 혼란과 정착의 복귀도, '기본권'이나 '행복권' 차원에서 보장할 수 있는 아량이 있어야, 우리의 인구절벽 문제를 논의해 볼 수 있을 것으로 보는 것에서이다.

이러한 '성전이'와 복귀에서 생기는 혼란은 정서적 자아가치를 황폐화시킬 수 있는 비교반응성도 함께 고려해야 하고, 생리적 강제성에 의한 고통도 수반될 수 있음을 배려할 수 있는 '소양'적 차원의 살핌이 슬기로 필요해서일 것이다. 모성전이는 생리적 전이로 강제화하는 과정에서 여성이 적응할 수 없을 경우 심리적 부적응이 '부작용'으로 노출된다는 것을, 모두가 알고 있어야 할 상호성의 이해관계일 수 있음에서 더욱 그러할 것으로 본다.

이렇게 여성으로서의 정체성과 모성으로서의 정체성이 서로 다를 수밖에 없어 그 혼란을 여성에게만 감당시키는 것이 '형평성'에서 합당할 수 있을까 하는 것이다. 생명의 지속과 사회의 지속이라는 절대적 가치는 숭고할 수 있는 과정인데, 그것이 또한 생명에 가장 위험함도 안고 있어 그러한 위험을 여성들에게만 감당하라고 못 본 체하는 것도, 함께 살아야 하는 가족으로서 또는 사회구성원으로서 도리가 아닐 수 있음을 성찰하는 적극적 동조가 요구될 수 있음에서이다.

이러한 고통과 어려움에서도 모성을 발현시켜 모두가 살아있음에 행복함을 느끼게 해주는, 여성들의 이기적 욕구 포기와 위험감수에 '솔선'할 수 있는 의지가, 모두에게로 베풀어지는 '사랑'으로 볼 수 있을 것이다. 우리는 삶에서 '사랑'의 중요성을 강조하면서도 정작 사랑이 어디서 왔는지에는 소홀했던 것 같은 송구함이 생길 수도 있을 것으로 봐서, 그 사랑의 숭고함이 모성에서 비롯되었다는 것을 새삼 일깨워지기를 바라는 바도 있는 것이다.

　누구나 바라는 사랑과 행복이라는 가치가 태아성 초의식으로 '사랑'을 절대적 느낌으로 초기화했고, 영아성 초의식으로 '행복'을 생명탄생의 환경설정에 바탕화된 것으로 이해해 주면, 왜 모성의 전이에 관심을 두어야 하는지 그리고 모성이 발현되어 가는 과정이 얼마나 숭고한지가 가슴에 닿을 수 있는 울림으로 영향되기를 바라는 것이다.

▎ 일인 이성(一人 二性)

　사람들은 일반적으로 생명체가 가지고 있는 생명본질 때문에 '생명의 성'이 발현되고, 그러한 바에 의해서 자신에게 유리할 수 있는 이기적 행동을 할 수 있는 것이, 살아있는 것에 도움이 될 것으로 판단하고 있는 것 같다. 그러나 사실을 그렇지 않은 경우도 있을 수 있고 때에 따라서는, 전연 반대성향으로 살아갈 것을 선택하기도 한다는 것에 관심을 갖는 것 같다.

　그것은 보통사람들이 선택하지 않는 '사랑의 성'으로 살아갈 것을 스스로 결정해서 몰입하는 경우를 뜻할 수 있을 것이다. 이러한 경우의 대표적 사례가 승려나 신부 같은 사제들의 삶으로 볼 수 있고, 그들은 일반 시민들과는 특별함이 있을 것으로 인정되어 존경되고 있는 경우가 대부분일 수 있을 것이다.

그것은 일생의 오랜 기간을 '사랑의 성'으로만 살아갈 수 있는 결정을 하고, 그렇게 살기 위해서 오랜 시간을 수행하고 정진하는 고행을 스스로 받아들여서 실천하는 것 때문으로 볼 수 있다. 그렇다면 그들은 본래부터 일반인들과 다른 성품을 가지고 태어났다고 봐야 할 것인가에는 또 그렇지 않은 것으로 보여서, 사람들의 마음속에 두 가지 성(性)이 함께 차지하고 있는데, 살아가면서 어느 쪽에 일생의 무게를 둘 것인가를 선택해서 실현하는 의지의 굳건함이, 그것을 가능하게도 또는 불가능하게도 할 수 있는 것으로 보인다.

속세의 삶을 접고 성직으로 몰입한 분들도 어떤 경우에는 다시 종래의 생활로 돌아오는 사례도 있기 때문에, 그러한 의사결정의 판단이 옳음이 될 수 있도록 하는 것은 고행을 견디고 넘어서, 그것이 일상으로 받아들일 수 있도록 습관화되어 그러한 습관이 익숙해져서, 그것이 오히려 쉽다고 받아들여지는 '자기최면' 같은 것이 작용할 때 가능해질 것으로 보는 때문이다. 이렇게 한 사람의 일생에서 두 가지 성(性)으로 살아가는 것을 '일인이성(一人二性)'이라고 할 수 있을 것으로 본다.

대부분의 사람들은 '생명의 성'이 시키는 대로 자연 질서를 존중하여 보편적 삶을 살아가는데, 일생의 잔여기간을 그들과 반대되는 '사랑의 성'으로 살아가려고 하는 남다름이 쉽지 않음이라는 것을 모두가 알고 있고 또 그러한 두 가지 성(性)이 본래부터 가지고 있었기 때문에 가능할 수 있다는 것도 모두 알고 있는 것이다. 그런데 어떤 사람은 그것이 가능하고 어떤 사람은 불가능하다는 다름만 있을 것으로 보인다.

그것은 본래부터 가지고 있는 '생명의 성'인 살고자 함이 모든 것을 우선함에서 오는 현상으로 볼 수 있어, 그것을 잠재하게 해서 '열성'으로 만들고 마음 한쪽에 자리하고 있던 '사랑의 성'을 활성화시켜, '우성'으로 할 수 있는 견딤을 매우 어렵게 보기 때문에 성직자들은 존중되고, 그들의 말에 경청하고 그들이 하는 행동을 본받고자 하는 것일 수 있다.

이렇게 남성 또는 여성에서 성직으로의 '성전이'는 나중에 회귀가 가능할 수 있는 점에서, 여성에서 모성으로의 '성전이'와 유사할 것 같은데 왜 성직으로의 전이는 존중을 넘어 존경을 보내면서, 여성에서 모성으로의 '성전이'는 그렇게 쉽게 보는 것인가에 의문이 생기는 것이다. 물론 모성으로의 '성전이'는 오래지 않아서 여성으로 '복귀'된다는 것을 알고 있어서 그러할 수 있을 것으로 본다. 그것은 성직에서 속세의 성(性)으로 다시 복귀할 수 있는 것과 비슷할 수도 있어, 그러한 되돌아옴에 대해서는 존경을 표하지 않는 속세의 인정이 각박함도 함께 작용했을 수 있을 것이다.

그러나 모성에서 여성으로의 복귀는 '생명지속'이라는 사랑을 실현했고, 그것이 사회를 지속시킬 수 있는 삶에서 가장 중요한 역할을 수행했다는 '기여도'를 인정할 수 있다면, 최소한 여성에서 모성으로의 '성전이'가 존중되어야 할 충분함이 될 수 있을 것으로 생각하기 때문이다. 그것은 사회가 지속되지 않으면 성직자도 필요가 없어질 수 있어서 그러하고 생명의 지속이 차단될 경우에는, '하늘'의 무한한 능력과 절대자인 '신'의 은총도 불필요해지기 때문임을 살펴주었으면 하는 것이다.

이렇게 사랑과 생명이라는 '복성'의 교차와 충돌을 순화하고 수련하는 과정들을 사제들의 '고행'으로 보아서 고매하다고 할 수 있을 것이다. 그리고 여성에서 모성으로의 교차와 충돌을 '생명지속'을 위한 사랑으로 승화시킨 숭고함도 충분히 존중될 가치가 있다고 보는 것은, 새 생명의 탄생과정에 충분한 '위험'을 사랑으로 받아들이려는 '헌신과 희생'을 알고 있기 때문이다.

이러한 헌신을 지금까지는 생명본능으로 보아 살피지 못한 선례들을 과감히 개선하므로, 문화시대 인격의 품위를 바로 세우는 것이 '화병'과 '황혼이혼'에서 배우는 지혜로 보기 때문이다.

성전이 정체성

보편의 일반인들이 살아가는 삶에서 그들의 성(性) 정체성 표현은 '형상의 성'인 남성이나 여성으로의 행동에서, 관습적 제한이 있는 것으로 알고 있을 것이다. 이러한 형상에 의해 행동하는 형식을 따라야 하는 것은, 그렇게 하지 않을 경우 관행에서 벗어나는 행동 때문에 다른 이로부터 잘못되었다는 따돌림 같은 것이 생길 수 있을 것으로 본다. 그렇게 되면 모두나 여럿이 함께하고 싶은 충동과 또는 함께하므로 생기는 이득 같은 것이 있다면, 그것을 포기하여야 할 수 있을 것이다.

그러한 어울림에서 밀려날 때 생기는 내가 하고 싶은 욕구를 포기하는 것이 두렵거나 또는 그것이 내게 불리하다고 판단해서, 그들의 보편적 속세의 행동을 따라 하는 것이 결과적으로 나의 이득을 위함이고,

생명으로의 존재에서 유리함을 얻기 위함이라면 그것도 '생명의 성'을 따른 것으로 볼 수 있을 것이다.

　이렇게 관습의 격식을 따르는 것이 나에게 편리하거나 도움이 될 수 있다는 전제가 있는 것처럼, 사회적 필요에 의해 발현되는 이타심 같은 것도 결국은 나의 편익에 도움이 될 수 있다는 가능성을 가지고 있다면, 그것도 이타적 행동이 아니고 결과적 이기심에서 나온 행동으로 보는 것이 합리적일 수 있다. 이러한 것들을 통틀어 '생명의 성'에서 발현되는 행동성향으로 볼 수 있을 것이다.

　그러나 성직자처럼 언제나 남들의 유리함을 먼저 생각하는 행동형식을 '사랑의 성'에서 발현되는 진정한 이타심으로, 이것은 일시적 편익적인 것이 아니고 지속적 영구성을 갖게 되는 것을, 한 사람이 두 가지 성(性)으로 살아가는 '일인이성(一人二性)'으로 보는 것일 수 있다. 이렇게 완전한 '행동의 성'이 바뀌어 복귀되지 않는 것에는 수많은 시간의 수련과 고행에서, 그 사람의 성품과 행동습관이 전연 다른 형식으로 다듬어지는 '정진'이 있었기에 가능할 수 있는 것이다. 그래서 그러함을 높이 여겨서 그들을 존중하고 존경하는 것일 것이다.

　그러나 이러한 '성전이'가 실현되었다가 다시 제자리로 회복할 수 있어지는 과정이 3년에서 10년에 걸쳐 반복될 수 있다면, 그것이 더 어려운 과정이 될 수 있다는 것이다. 그것은 한번 어렵더라도 바뀌고 나서 지속되어지는 것보다 다시 복귀했다가 또다시 '성전이'가 되는 과정이 반복된다면 개인적 혼란은 더욱 심각할 것으로 볼 수 있다는 것이다. 이렇게 '성전이'와 회복이 진행되는 과정의 혼란과 어려움을 인정할 수 있다면, 그러한 '힘듦'을 이해하고 존중해줄 수는 없는 것일까? '양해'받고 싶음이 있음에서이다.

이러한 반복의 혼란을 극복하는 과정에서 생기는 여러 가지 부적응 현상을 '성전이 스트레스'로 볼 수 있고, 그것을 이해하고 인정해 줄 수 있는 너그러움을 '문화'로 그리고 선진적 '지성'으로 보편화하는 것이, 플로레스 섬의 '리오'족이 행하는 모성존중으로 볼 수 있다. 여성에서 모성으로의 '성전이' 호환성을 이해하고 존중해 줄 수 있다면 성전이 스트레스는 충분히 '가늠'될 것으로 생각된다.

우선 여성에서 모성으로의 정서적 변화를 다독이고 격려할 수 있는 공감대가 필요할 것으로 본다. 그것은 직장생활에서나 사회관계성에서 그동안 자신이 쌓아둔 모든 것을 포기할 수 있는 용기가 필요할 수 있음을 인정하고, 그들의 여러 우호적 연대관계에서 소외되고 잊혀질 수 있다는 두려움은 쉽게 가시지 않을 것으로 보는 때문이다. 그리고 오랜 의지로 다듬은 신체적 아름다움을 벗어내고 태아를 품은 자신의 모습을, 지난날의 화려했던 뽐냄과 견주어지는 상실감도 가슴에 품어낼 수 있어야 할 것으로 보는 것도 있을 것이다.

그리고 수년간의 휴직에서 오는 공백에 대한 공허함과 복직되었을 때 자신의 위상이 자못 두려울 수 있음을 고려해 주어야 할 것으로 본다. 그것은 '수년간의 시간이 지나서 본래의 자리로 돌아갈 수 있을까?' 하는 우려와 후배와 동료들이 자신보다 빨리 승진할 때 생길 자괴감과 부적응의 초라함 같은 것도 예상할 수 있음에서 일 것으로 본다.

이렇게 모성전이는 정서적, 신체적, 신분적 변화와 그것을 회복할 수 없다는 상실감 같은 것을 무엇으로 보상될 수 있을까 하는 혼란이, 모두 성전이 스트레스의 범주로 보아야 할 것이어서 그러할 수 있다. 이러한 것들을 사회구성원 모두의 '소양'으로 이해하고 품어줄 수 있을 때, 성전이 스트레스를 과감히 떨치고 '사회지속'이라는 공익성에 용기를 내어볼 수 있을 것이고, 그러함의 수용과 포용이 '모성기피'를 순화할 수 있어지는 계기로 작용되어지기를 바라기 때문이다.

모성실현의 과정에서 출산 전후 일정 기간은 스스로와 사랑으로 품은 새 생명의 취약성이 극도로 높아지는 상황의 불리함도, 모두의 인정과 격려로 넘어설 수 있는 자신감이 될 수 있을 때 모두의 희망과 영광스러움이 될 것으로 보는 것이다.

어느 산모의 인터뷰에서 '아이가 무섭다'는 자조적인 고백은 또 다른 '번뇌'를 가슴에 안게 하는 것 같다. 과연 내가 아이를 잘 키울 수 있을까? 그리고 불량엄마가 되는 것은 아닐까? 사랑의 탄생부터는 모든 일상이 아이의 돌봄에 송두리째 모아드려도, 그는 늘 불편하다고 외치면 나의 수고로움과 희생은 물거품 같은 것일까?

▌사회의 보듬음

우리는 사회가 지속되는 것을 원시자연의 본능 같은 것으로 잘못 기억되고 있었는지 모른다. 그것은 잘살아보려는 '부의 추구'에 모든 사회가치를 몰입하다 보니, 인구가 많은 것이 절대적 불리함이 있었기 때문에서 그러한 착오를 일으켰는지 모른다. 그래서 처음에는 무조건 인구 줄이기의 지상목표가 가족 줄이기에서 시작되었고, 그것을 가정의 문제로 가볍게 보았을 수는 있을 것이다.

사회적 부유함이 빈약할 때는 지출의 많은 부분을 '식비'가 차지하게 되므로 새로운 자산의 축적을 위한 저축이 불가능해서, 우선 식구를 줄이므로 식비를 줄이고 그것으로 자본축적을 시도할 수 있다는 근시안적 희망이 정책으로 추진되었고, 그것은 상당한 성과로 단시간 안에 결과를 보여주었다고 본다. 그것은 인구정책을 수립하고 10년여 만에 출산율을 반 정도로 줄일 수 있었고, 그리고 또 10년 후에 평균출산율을 2.0명 미만으로 인구감소 가능성을 증명했기 때문이다.

그러나 가족은 줄고 경제력이 늘어나면서 여성들의 교육수준이 지속적으로 높아지고 선진적 교육이 가능해지면서, 여성들의 기본권적 인권과 행복추구권도 교육수준에 비례하여 증가하게 되었고, 그러한 인권적 평등을 사회가 수용하지 못하므로 여성의 권리가 소외받는 것으로 느껴지기 시작하면서 문제가 발생되었기 때문이다.

그것은 인구문제가 자연의 본능적 문제가 아니고, 여성들의 적극적 사회지속을 위한 '기여와 헌신'에서 가능하다는 것을 깨닫게 되었기 때문이다. 지금도 서구 선진국들이나 미국의 개별 주차원의 법령에서 여성의 '낙태권'을 인정하는 쪽으로 사회적 합의가 바뀌어가는 추세를 보면, 우리가 잘못 알고 있었던 것이 현실화하는 것으로 봐야 하기 때문이다. 이러한 추세가 범세계적 현상으로 확장될 수 있다면 '사회지속'의 최대 기여는, 여성들의 고유 권리처럼 되어 갈 수 있음도 수용할 필요가 생긴 것으로 봐야 할 것이다.

우리가 국가의 안정적 발전과 사회의 지속적 유지를 바란다면 인구 절벽을 해소할 수 있는 유인책을 여성들에게 승인받아야 할 상황으로까지 문제를 악화시켰다고 볼 수 있다. 인구 감소를 추진할 때 여성들의 평등권을 충분히 존중해 주면서 차별적 문화를 개선하는 데 사회적 공감대를 형성할 수 있었기를 바라는, '도둑맞고 외양간 고치는' 일을 사양했어야 하는 것이었을 수 있다. 만일 그러한 선제적 살핌이 부족했다면 지금이라도 잘못을 솔직히 인정하고 새로운 길을 모색할 수 있는 문화적 성숙도를 보여야 할 것으로 본다.

한국은 현대사에 들어오면서 선진국의 반열에 진입하고 국가의 위상이 세계적 수준으로 향상한 것에 대한, 여성들의 노고와 기여를 인정해 주는 의미에서 사회적 성별의 벽과 유리 천장을 스스로 치워줄 수 있는 용기를 보여주어야 할 것으로 본다. 그것은 지금처럼 여성들이 모성으로의 전이를 사양한다고 하면 어떤 현상이 발생될 수 있는지를 추정해 보면 무엇을 해야 할지가 보일 것으로 보는 때문이다.

현재 상태에서 여성들의 헌신적 희생으로 모성으로의 전이를 수용했을 경우 사회지속 가능이라는 '혜택'은 사회가 가져가고, 모든 '부담'은 여성들이 떠 앉아야 하는 상황을 과연 받아들일 수 있을까 하는 것이다. 사회와 국가는 권력기관일 수 있고 권력의 의사결정 주체는 남자들이라고 할 수 있으면, 그것은 그들이 해결해야 할 과제로 볼 수 있을 것이다.

우리가 지금까지 살아왔고 우리의 자손들이 살아가야 할 사회가 스스로 작동되어질 수 있는 '유기체'로 본다면, 그것을 살아있게 하는 역동성을 부여하는 것도 사회의 몫일 수 있을 것이다. 사회가 살아있는 유기체로서 바람직한 기능을 실현할 수 있으려면 이러한 문제를 적극적으로 해결하고 품어낼 수 있어야 진정한 선진국이 될 수 있을 것이고, 존중받는 문화사회로 이행이 가능해질 것으로 보는 것이다.

결국, 우리 사회가 앞으로 나가려면 여성들에 대한 차별적 관습과 사회가치를 그들이 수용할 수 있는 수준으로 개선해야 할 것은 물론이고, 그러함이 실현되어 정상적으로 작동되고 있다는 것을 여성들이 믿을 수 있어지도록 과감히 추진할 것을 기대할 수밖에 없다. 이러한 난제를 '사회의 지속'이라는 명분을 내세워 스스로 보듬고 아픔이 있더라도 달게 받아들일 수 있는 남자들의 포용성을 기도해야 할 것이다.

여성에서 모성으로의 '성전이'를 새로운 관점에서 보아주고, 성전이 스트레스에 따른 '부작용'을 최소화할 수 있는 여유와 아량을 사회가 보듬을 의무와 책임이 있기 때문이다. 지금까지는 성전이의 혼란과 스트레스를 몰랐기에 생겨질 수 있는 착오였다면, 이제는 모른 체해서 생길 부작용들을 조금씩 풀어나갈 수 있는 지혜를 기대했으면 하는 것이다.

2

숭고를 시기하다

인류의 삶에서는 자연환경에 의존해서 살아온 기간이 대부분일 수 있고, 이러한 영향은 삶에서의 기준과 준법도 자연의 질서를 수용하고 받아들이는 것이 합리적이라고 생각했을 수 있다. 그러한 의식의 바탕에는 힘의 질서가 알게 모르게 녹아들어 있어도 그것이 무엇인지를 인식할 수 없어, 그냥 그것이 있는 그대로의 자연에 순응하는 것으로 이해되었을 것으로 본다.

이러한 자연의 질서 그리고 힘의 지배에서 사람들만의 별난 준거를 만들어 짐승들의 본능을 벗어나려 하고, 야생의 살벌함에서 인류만의 아늑함을 얻고자 해서 따로 발전시킨 행동습성들이 '인문'이라는 말로 우리들 앞에 나타나고 있는 것으로 볼 수 있다. 자연의 질서에서는 힘의 빼어남이 살아있는 존재의 정당성 같은 것으로 자신이 살아있다는 것을 보여주는 존재의 가치였고 또한 우월감이었을 수 있다. 그것은 야생의 바탕이 힘없고 약한 자가 자리할 수 있는 위치가 양해되지 않고 있어서, 약함은 곧 없는 것으로 받아들여져야 했기 때문일 수 있다. 그러한 것을 '인문'이라는 다름으로 스스로의 우월성을 보여주고 싶어 변화된 삶의 준거가 '인격'이라는 인품과 '문화'라는 새로운 질서의 정립이었을 수 있다.

그렇다면 대부분 삶의 가치는 자연 질서가 포용되고 있는 바탕에 '인문'이라는 형식의 다름을 내세워, 자신들 존재의 우월성과 타당성을 실현하려는 익숙하지 않은 낯 설은 질서가 일부 집단에서 주장되고, 그들이 무리를 형성하면서 집단의 힘이 개인의 강함을 제압할 수 있어지는 일들이 생겨나고 있었다. 이러한 집단의 질서가 '문화'라는 형식으로 표현되어져서 자연의 야생에서 구별되려고 애쓰는 과정에서 생기는 생활형태를 '문명'이라고 주장하는 현상들이 생겨졌다고 보는 것이, 현재 우리가 살아가는 형식일 수 있을 것이다.

결국, 문화와 문명을 주장하고 인격과 인문을 삶의 가치로 받아들인 무리와 그렇지 않은 자연 질서를 그대로 따르려는 무리 간에 다름이 생기고, 서로를 구분하는 새로운 습성이 생겨서 무엇이 옳음인지를 경쟁하는 삶의 형식이 그들 모두를 지배하게 되었다. 이러한 자연의 '힘의 질서'와 새로운 품격을 주장하는 '인격의 질서'가 혼동을 일으키면서 새로운 갈등이 생겨나는 모순도 생기게 되었다. 힘의 질서에서는 남성들이 우월한데, 인격의 질서에서는 어머니를 존중해야 하는 숙제가 생겼기 때문이다. 그리고 그것은 어머니가 여성이었다는 바탕에서,

남성의 우월을 여성에게 주장해야 하는 혼란스러움을 어떻게 가늠하는지가 문제로 남아있는 것이다. 자연재난과 죽음의 공포와 혼란에서 안정을 기대하고 싶어 '하늘'의 힘과 절대자인 '신'의 힘에 의지하였는데, 이러한 곤란을 어떻게 받아들여서 안정을 찾을 수 있을까 하는 것이다.

결국, 어머니는 존경하되 여성을 하대해야 하는 힘의 질서를 그대로 주장할 것인가 아니면, 여성도 남성과 같은 인격체므로 존중해 주는 것이 합리적이라고 보아서 어떤 변화를 시도해 보는 것이 좋을 것인가의 '인문과 자연'의 갈등에서 생기는 모순을 어떻게 봐야 할까? 야생의 질서에서 '불'을 얻어 맹수들의 힘을 제압했듯이, 힘의 질서에서 '인격'을 얻어 문화의 품격으로 그것을 넘어가야 할 것으로 본다.

우리가 인격과 문화 그리고 품격과 문명을 논하려고 한다면, 양성의 평등을 수용하는 것이 민주적 관점에서 순리라고 생각되어서 양해되기를 바라는 것이다. 야생의 질서에서는 힘의 강함이 정의였지만, 인문의 질서에서는 인격의 평등함이 정의로울 수 있다는 것은 민주적 선거제도에서 그것을 증명한 것으로 볼 수 있어, 무엇이 옳음인지를 가늠할 수 있을 것으로 본다. 그리고 힘의 정의도 강함만을 주장하는 것보다 유연함이 오히려 진정한 힘의 본질일 수 있다는 것을 기억했으면 하는 것이다.

우리는 남성의 우월함을 신화적 경전의 힘을 빌려 주장하려 하는 것과 신앙적 교리에 의해 합리화하려는 시도나 문화적 흔적에서 차별하려는 것은 남성들의 어떤 열등감 같은 것은 없는 것일까? 의심하게 된다. 그것은 '사회지속'이라는 절대적 기여를 그들만 가능할 수 있는 생명지속의 숭고함일 수 있고, 그것이 인류를 인류답게 할 수 있는 '사랑'에서 출발한다는 것을 그들이 시기하고 싶었는지도 모르는 것이다.

우리는 2022년 현실 사회를 살면서 '비혼 선언식'을 하고 축의금을 받는 현상을 어떻게 받아들여야 할까? 그것이 사회소멸을 '축하'하는 격려금이 되는 것은 아닐까? 다시 한 번 생각해 보게 된다.

▌신체일부로 비하

여성 낮춤의 본류는 서구 신화에서 남자의 신체 일부로 여성을 유래케 했다는 가설에서, 너무도 분명히 자리매김함으로 변할 수 없는 준범으로 관습화한 것으로 봐도 될 것이다. 문화라는 의식이 생기기 이전 '인격'이라는 품격을 삶에 녹아들게 하는 과정도 오랜 선사의 원시적 '설화'에서 구전되었을 것으로 본다.

신화적 의미가 문화의 자락으로 받아들여지려면 신화의 발생적 원인이 있을 것으로 보고 또 그러한 시대를 주도하는 힘의 본질도, 원시적 야생의 질서가 통제했다고 보는 것이 합당할 것으로 본다. 그렇다면 힘의 질서가 신화적 바탕을 제어할 수 있을 것으로 보는 것도 인정할 수 있을 것이다.

원시적 힘의 질서에서 남성의 우월함이 힘으로 증명되고, 힘에 밀린 여성들이 그것을 받아들이지 않으면 직접적 불리함이 완력으로 가해질 수 있는 상황에서, 누구도 그러함을 잘못되었다고 말할 수는 없었을 것으로 보는 이유에서이다. 그렇다면 신화적 설명의 골격이 형성되고 그것이 전해내려 오는 과정에서, 일부의 편이나 필요에 따라 그러함이 변형될 수 있을 것이나 힘의 지배를 거스를 수는 없었을 것으로 보면, 힘의 질서가 생활의 질서로 관행화될 수 있는 것을 모두가 용납했을 것으로 본다.

그것은 '신화'가 설화의 상태로 말로 전해오는 과정은 불가피성으로 볼 수 있을 것이며, 많은 세월이 흐른 후 '글자'라는 형식이 만들어져서 그것을 기록으로 남겼다고 봐야 함도 인정해야 할 것으로 본다. 이렇게 신화가 구전되는 '설화'의 상태를 벗어나 '기록'으로 남겨졌을 때, 그 기록에 대한 진위를 고고학적으로 증명할 수 없다고 하더라도 그러한 것이 없었다고 부정할 수도 없는 것이어서, 문자로 전해지는 전설을 '신들의 이야기'로 품격을 높여 인정한 것이, 신화의 형식으로 보면 무리가 없을 것으로 본다.

이렇게 문자에 의한 기록으로 신화가 '감금'되어 버리면 그것은 변할 수 없는 절대적 힘을 가진 '경전'이 되고, 그것은 법의 반열로 그 위상이 높아져서 아무도 그것을 거역할 수 없는 강제력을 띨 수 있어지는 것이 경전과 법령의 위력일 것으로 본다. 그렇다면 '왜 신화를 빌려 '경전'화를 도모하는 과정에서까지 남자들의 힘의 지배를 정당화하려고 법령의 힘으로 강제화하려 했을까?'에 의문이 생길 수 있다. 그것은 마음의 속성일 수 있을 것이다.

마음은 그것이 생성되고 실현되는 과정이 모두 몸에서 나오는 행동의 결과에서 비롯되기 때문에, 어떤 행동을 하게 되면 그것을 정당하다고 주장해야 하는 속성을 가지고 있다. 그렇지 않으면 몸을 움직여 표현한 행동이 잘못되었다고 평가되어질 경우 행동을 실현한 몸의 존재가치가 상실될 수 있음에서 일 것이다. 결과적으로 몸의 존재가치가 없어져 버리면 생명을 담고 있는 그릇이 없어지기 때문에, 그것은 받아들일 수 없는 함정이 되는 것이어서, 생명으로 살아남기 위해서 몸을 보존할 수밖에 없음을 살피면 이해될 것으로 본다.

신화적 바탕에서 여자는 남자의 신체 일부를 훼손해서 얻어진 동질적 '반려'성 인격으로 설정되어 버리면, 언제나 주종의 관계처럼 수반될 수밖에 없는 굴레가 씌워지게 되는 것이다. 이런 상황에서 여성이 존중되어 진다는 것은 불가능해질 수 있는 오류가 범해졌다고도 볼 수 있게 되는 것이다. 요즈음 우리 사회는 건강보험이라는 국민적 복지혜택에 의해서 매년 또는 격년에 한 번씩은 신체검사를 하게 되고, 언제나 흉부 X선 촬영을 하게 되는 것은 모두가 알고 있을 것이다. 만일 부부가 함께 검진을 했을 수 있는 경우 흉부 사진에서 남자는 갈비뼈가 하나 부족해야 하는 것을 살펴볼 여유가 없었는지 궁금해질 수도 있을 것이다.

이렇게 신의 결정으로 여성들을 남성에 수반시켜 버리면 어떻게 독립된 인격체로서 '자아'가 형성되고 사회를 살아가는 올바른 판단을 할 수 있을 것인가 우려되기 때문이다. 십자군 전쟁 때도 그러했고 두 번에 걸친 세계대전에서 남자들이 비운 가정을 성실히 쟁기고 꾸려온 이들이 누구일까를 살펴보면, 남자들이 없다고 해도 세상은 별일 없는 것처럼 돌아가고 있었던 것은 아닌가? 살피게 된다.

그들은 모든 것을 할 수 있는 존중되어야 할 인격체인데, 경전의 힘을 빌려 통제하려고 하는 얕은 술수로 보여지는 것은 아닌지? 우리의 지난 수세기에 걸친 삼종지도(三從之道)가 그것과 비슷함일 수 있어, 이러한 차별이 '갑질'의 원형일 수는 없는 것인가?

▌만 몇 세의 모성

사람들이 불을 얻어 최고 포식자가 되면서 다른 동물들과 구별되고 싶고 그래서 존중받고 싶음이 우월감의 표시로 나타나기 시작했고, 그러함의 표현이 '사람'이라고 이름하고 그들의 품격을 논할 수 있는 준거로 '인격'이라는 격식을 적용하려 했다. 그것이 사람과 동물을 구분할 수 있는 '예의범절' 같은 것으로 짐승에는 없는 새로운 행동지침이 되었고, 그러한 기준에 미치지 못하는 행동을 하면 잘못되었다고 꾸짖을 수 있는 '권위'를 또한 사람에게 부여하고, 그렇게 세상을 제단하고 결정할 수 있는 '권한'을 하늘이나 신께서 주신 것으로 삶의 행동 '얼개'를 만들어 나가기 시작했다.

살아있는 생명체라면 스스로가 살아있는 것이 당연해야 하고, 다른 생명체보다 우월할 수 있어야 하는 것은 생명이라는 '본능'의 욕구일 수 있다. 그래서 사람이라고 구별하고 품격을 부여해서, 행동의 형식을 동물과 구별하려고 하는 것은 자존적 생명의 '본질'일 수 있을 것이다. 그렇다면 인격을 '부여'해야 사람으로서의 형식을 인정할 수 있을 것으로 보는데, '인격'은 언제부터 얻어지는 것으로 보아야 할까? 그것은 사람이라는 '동물'에게 인격을 부여하면 '사람'이 되고, 부여하지 않으면 본래의 동물로 인정될 수 있는 제한을 두었다고 보기 때문일 것이다.

우리는 부모님의 은혜를 말할 때 '아버님 날 낳으시고, 어머님 날 기르시니'라는 나의 뿌리와 존재 동기를, 부모님으로부터 온 것을 강조하여 '효도'해야 하는 의무가 있는 것으로 '세뇌'되었는지도 모른다. 그것이 동물과 구분될 수 있는 유일한 행동지침이 될 수도 있는 것이어서, 다른 동물에게는 책임과 의무를 부여하지 않은 차별성을 '사람'이라는 조건에 달아둔 것은 아닐 것인가? 살피게 된다.

그렇게 보면 아버지가 '날 낳으실 때'부터 인격이 부여된 것일까? 아니면 어머니가 '날 기르신 때'부터 인격이 부여된 것일까를 분별할 수 있어야 할 것으로 본다. 사람이라는 품격으로 존중되어야 할 시기를 '날 낳으신' 시점으로 할 것인가와 '날 기르신' 때로부터 할 것인가는, 인격의 '인정' 품위와 위상에 상당한 다름이 있을 것으로 보아서 그러하다는 것이다.

그것은 인격의 부여 '시점'을 '어머님 날 기르신' 때로 하면 출생 시점으로 보아야 할 것이고, 아니면 '아버님 날 낳으신' 시점으로 하면 최소 출생 10개월 전으로 보아야 할 것으로 보여서 그러하다는 것이다. 우리가 흔히 이야기하는 '한국식' 나이와 일반문서에서 공식적으로 인정하는 '만 몇 세'로 하느냐가, 여러 면에서 상당한 차이가 생길 수 있어 그러하다는 것이 된다.

그것은 '만 몇 세'를 인정하는 개념은 출생의 시점을 '인격'이 부여되는 시점으로 보는 것이 되고, '한국식' 나이를 인정하는 바탕에는 태아의 착생 시점부터를 '인격'의 보장 시점으로 보아야 하는 다름 때문일 수 있는 것이다. 만 몇 세부터를 인격의 인정시점으로 하면 어머니의 역할이 유모인가 하고 우려할 수도 있기 때문에서 그러하다. 그것은 어머니께서 태아의 착생 시점부터 자신의 품속에 품고 키워낸 모성사랑이 없는 것으로 평가될 수 있음에서 우려하는 것이다.

그것은 태아의 착생은 아버지 '날 낳으시고'가 되는데, 어머니 '날 기르시고'는 태아의 시간 동안이 생략되어 버리고, 영아의 출생 시점으로 보아야 하는 불합리성 때문에 그러하다는 것이다. 태아의 성장 기간 동안의 '모성사랑'을 제외시켜 버리는 영향효과를 줄 수 있어, 이 시간 동안 어머니로부터 받은 사랑의 느낌이 '초의식'으로 새겨져 '인류애'의 근원이 될 수 있다는 가능성을, 제거해 버리는 결과가 될 수 있음도 함께 고려해야 하는 것이다. 그것은 태어난 이후에 유모의 역할만을 인정할 수 있다는 '모성사랑'의 심각한 '왜곡'으로 볼 수 있어서 그러할 수 있는 것이다.

그것은 외형적 형식을 중요시할 것인가 아니면 실제 생명이 시작된 '생명'을 중요시할 것인가로 분별의 기준이 바뀔 수 있어서 지혜가 필요해서 그러한 것이다. 그것은 환태를 하는 곤충의 일대기에서 '생명'의 시작점과 탈바꿈을 한 '환태'의 시점부터를 인정할 것인가와 같은 것이 될 수 있다. 우리가 나비나 잠자리의 일생으로 연구 보고되는 내용을 보면, 물벌레나 땅벌레로 있었던 시기부터를 그 곤충의 일대기로 보는 견해와 사뭇 다름이 있어서 그러함도 있다.

이것은 '진화론'적 입장에서 보면 생명의 시작점부터를 일대기로 볼 수 있을 것이고, '창조론'적 입장에서 보면 탈바꿈 후 현실에서 보이는 모양을 기준으로 인정하는 것과 같을 수 있어서 그러하다. 그러나 우리가 탈바꿈 하기 전의 눈에 잘 보이지 않는 시간을 그러한 생명이 없었던 것으로 몰아버리면, 현실의 실상을 왜곡하는 것으로 인정할 수 있는 것이 되는 것이다.

그것은 결국 사람이 불을 얻기 전의 '원인'으로 살았던 기간이 없는 것처럼 하는 것과 같을 수 있어, 사람의 유전자가 환경에 적응해서 변이해 온 것을 부정하는 것과 같을 수 있다는 것이 된다. 우리의 DNA는 사람을 닮은 원숭이인 '인원'에서 원숭이와 비슷한 사람인 '원인'으로 변이하면서 유전되어 온 것으로 봐야 하는데, 사람의 구석기시대 이전의 '원시' 상태가 없었다고 하는 것과 같은 것이 될 수 있어 그렇다는 것이다.

그리고 모성사랑을 절대적 '초의식'으로 느껴서 받아들인 시기는, 스스로는 무엇을 하지는 않았지만 다른 생명에 대한 사랑이 어떤 것인가를 '의식'하는 시기로, 그것이 성선설(性善說)의 기원이 되었을 수 있음을 기억했으면 하는 것이다.

❙ 성전이 없는 남자들의 시각

우리나라가 산업화에서 민주화를 이루고 그리고 선진화로 가는 과정의 수십 년 동안 우리는 무엇을 얻고 무엇을 잃어버렸을까? 당연히 좋은 것만 얻어지고 싫은 것이 없어지지는 않았을 것으로 보기 때문이다. 그것은 세상의 일이라는 것이 그렇게만 흘러가지는 않는 것이 또한 세상일 수 있어서 그러하다.

우리의 지난 현대사 수십 년 동안 좋은 것만 있었을까에는, 너무도 많은 아픔도 함께했다는 것을 모두가 알기 때문일 수도 있을 것이다. 그것은 모든 세대 모든 사람들이 함께 이루었기 때문에 웃을 수 있는 일이 있었다면, 그 뒤에 울어야 할 일도 당연히 있었을 것으로 보는 것이다. 우리가 이루어 낸 것은 사회의 의사결정권이 있는 남자들이 이루었을 것으로 볼 수도 있을 것이나 그러한 영광 뒤에 여자들의 한스러움이 남모르게 스며져 나오는 것이 '화병'이나 '황혼이혼' 그리고 '인구절벽'인지도 모른다. 물론 화병은 우리나라만의 어떤 '병증'으로 보는 데서 그러함이 있고, 황혼이혼도 여성들 쪽에서 요구하는 사례가 많은 것으로 보아서 그러하고, 인구절벽 또한 어머니들과 직접적 관계가 있기 때문으로 보는 것이다.

그것은 우리 사회가 직접적으로 접하고 있는 현실일 수 있어 그러함도 있지만 모두 여성들과 관계되고 있음에서 더욱 그러하다고 보는 것이다. 왜 세계적으로 칭송될 역사를 이루었는데 인구의 절반인 성별에서 그토록 큰 아픔이 있었을까 하는 것에서 무엇을 먹고 체한 것 같은 아리고 쓰림이 있어서일 것이다. 그것은 인구의 절반인 남자들과 직접 관계될 수밖에 없는 어떠한 것일 수밖에 없어서, 그것이 무엇인가 살펴지 않을 수 없을 것으로 본다.

우리 역사에서 19세기 말 '동학농민운동'으로 신분의 벽이 무너져서 양반과 상민으로 구분되었던 반상의 질서가 해체되면서 모두가 평등할 수 있었던 것이다. 그러한데 그때로부터 100년이 훨씬 넘었는데도, 남녀차별이라는 성별의 벽을 넘지 못한 것은 무엇이라고 변명해야 할까 하는 것이다. 남녀의 차별이 없는 것이라면 왜 유독 여자들만이 그리고 그들과 관계되는 현상이 사회문제로 대두되고 있고, 인구절벽이라는 문제는 국가나 사회의 지속과 직접 관계되기 때문이라고 보는 것에서 더욱 그러하다고 본다. 그것은 힘의 우위로 인한 남자들의 이기적인 질서가 그러할 수 있도록 강요된 것은 아닐까? 하는 우려가 있어서 그러한 것이다.

결국, 우리들 할머니에서 '화병'으로 고생을 했고, 우리들 어머니에서 노후에 혼자 사는 것이 더욱 행복할 수 있다고 따로 살 것을 요구했다면, 분명히 남자들에게 무슨 치명적인 '결함'이 있을 것으로 보여져서 그러하다. 그리고 그들의 손녀들이고 그들의 딸들인 젊은 여성분들께서, 가족이 늘어나는 것을 반기지 않아서 그러한 결과가 생겨나고 있는 것일 수 있는 것이다.

그것은 1970년대 보건사회부에서 시행한 '덮어 놓고 낳다 보면 거지꼴을 못 면한다.'는 인구 줄이기 국민운동이, 1980년대 들어오면서 '둘도 많다'는 메시지에서 '하나 낳아 알뜰살뜰'이라는 대한가족협회의 홍보성 표어가 영향을 주었을 것으로 볼 수 있다. 이것은 가족을 줄여 돈을 추구한 우리의 '숙명'일 수 있고, 이러한 것들에 의한 결과가 오늘의 현실이라면 이러한 것이 '있었던 것의 흔적'으로 남았다고 봐야 할 것이다.

이러한 것이 우리의 잘못된 사회관에서 오는 부작용이었다면, 화병으로 아파하고 노후를 혼자서 보내기를 선택하는 것을 보고, 노후에 병들어 아픈 것도 싫고 수십 년을 산 부부가 헤어지는 고통도 싫다면, '비혼선언'을 하고 혼자 살아가는 것을 선택한 것 때문에 인구가 줄어드는 것은 피할 수 없는 결과로 본다. 과연 이것을 여성들의 문제로 볼 수 있을까? 그것은 모두 남녀차별이라는 남자들의 양해 없는 편협함 때문에 불러온 자업자득의 결과로 봐야 할 것인가이다.

이러한 의사결정에 '성전이'가 없는 남자들이 세상을 주도하면서, 여성들의 모성으로의 '성전이'에 따른 불이익을 살펴주지 못한 데서 오는 현상으로는 볼 수 없을 것인가? 의견수렴을 바라는 것이다. 지금은 양성에 속하지 못하는 성 소수자들도 '제3의 성'으로 인정하는 추세라면, '성변이'의 고통보다 더 혼란스러울 수 있는 '성전이'의 어려움도 살펴줄 수 있는 아량이 있을 것으로 보아서 그러한 것이다.

성 소수자들의 성변이의 어려움을 살피는 것과 '화병'이나 '황혼이혼' 또는 '인구절벽'을 풀어내는 것을 함께 고민해 보는 슬기를 기대하는 것이다. 이것은 사회나 국가의 의사결정을 할 수 있는 힘 있는 자들의 '자기반성'이 없으면, 어제가 오늘로 지나가고 그리고 또 내일로 회귀할 수 있을 것이다. 이러한 회귀가 지난 수십 년간 그러했듯이 모른 체 회피해 버리면 관성효과에 의해 오래도록 지속될 수밖에 없을 것으로 본다.

지나간 역시에서 남녀차별을 인정했다면 '갑오년' 신분제도를 철폐한 개혁처럼, 지난 시대의 굴레를 벗어버리는 민주시민으로 다시 날 수 있기를 바라는 것이다. 민주화의 근본은 '가족민주'에서 시작되는 것으로 볼 수 있을 것이다. 그래서 아직도 '우리 의회'가 선진민주 질서에 서툰 것은 아닐까 양해도 해보게 된다.

인류애로의 회귀

우리가 세상을 살아가는 과정에서 당연히 할 수밖에 없는 자기만의 몫이 있을 것이고, 그 몫은 누구도 대신할 수 없는 오직 자신만의 것이 될 것이다. 이렇게 혼자서 감당해야 하는 몫이 있기 때문에 모두의 존재가치가 부여되고 있는 것으로 볼 수 있고, 그러한 것이 모두 다르기 때문에 모두의 존재에 고유함이 있는 것으로 볼 수 있을 것이다.

그러나 그러한 일들이 다른 이들과 서로 관계되어 이루어지고 또 그 관계성으로 변화될 수밖에 없는 경우도 생길 수 있을 것이다. 이렇게 혼자로 존재하는 것을 '자기'라 할 수 있을 것이고, 둘 이상의 혼자가 서로의 관계성으로 연관될 때 그 관계성의 주체를 '자아'라고 할 수 있을 것이다. 그리고 그들이 사회와 자연과의 비교 대상으로서 존재할 때 그 자신을 '나'라고 하는 것이다.

이러한 서로의 관계성의 주체가 힘으로 관계성을 유지하고 풀어가려는 경우도 있을 것이며 또는 사랑으로 그것을 풀어내고 어루만지려 하는 경우도 있을 것으로 본다. 힘으로 관계를 끌어가려고 하면 약한 자가 불편해질 수 있을 것이고, 사랑으로 관계를 풀어 보듬으려고 하면 따스함이 스며들 수 있을 것이다.

우리 사회가 지난 수십 년간을 돈으로 세상과 존재의 교류를 하려 하고 가족을 통해서 세상을 풀어내려고 하지 않은 것으로 보인다. 돈의 가치는 경기의 혼란이나 전쟁 같은 것으로 없어질 수도 있지만, 가족은 어렵고 힘겨워도 존재할 수밖에 없는 관계로 지속될 수 있다는 것을 소홀히 했는지 모른다. 돈은 힘으로 상징될 수도 있지만, 가족은 힘보다 사랑으로 상징될 수 있다고 보는 것이 합리적일 수 있을 것이다.

그렇다면 세상을 지속되게 하는 것이 힘 보다는 사랑일 수 있다고 보는 것도 모두가 동의할 수 있을 것으로 본다. 우리가 인구절벽이라는 생소한 과제를 맞고 있다는 것은 사랑으로 세상을 지속하려는 데 소홀했고, 힘으로 세상에 존재하려고만 했는지를 살필 수 있는 넉넉함을 기대하는 것이 희망사항이 된 것일까? 묻고 싶음도 있다.

우리는 세상을 살아가면서 힘으로 세상을 지배하는 것을 남자들이 주도했다고 할 수 있을 것이나 사랑으로 세상을 지배할 수 있는 것은 '신'의 소관으로 잘못 알고 있지는 않았는지 물어봐야 하는 '시점'을 맞은 것 같다. 그것은 여성들이 모성으로의 '성전이'를 두려워해서 사회지속에 차질이 발생할 수 있음을 '감지'했기 때문으로 볼 수 있을 것이다.

그것은 세상의 지속과 유지는 '신'의 소관이었을 것으로 알고 있었는데, '인구절벽'을 맞으면서 사회는 지속될 수 있을까에 의심이 생겼다고 볼 수 있는 것이다. 만일 여성들이 모성사랑을 베풀어 새 생명을 품어낼 수 있는 용기를 내게 되면, 감당하기 어려운 고난은 있겠지만 사회가 지속될 수 있어질 것이고, 세상은 또 평온하게 유지될 수도 있어서 그러한 것이다. 만일 그러한 것을 인정할 수 있다면 세상지속을 위한 '사랑'을 모성이 '대행'한 것으로 볼 수도 있어져서, 힘으로 세상이 지배될 수 있다는 남자들의 위상에 흠이 될 수도 있고, 그동안 여성차별과 하대의 명분이 상실될 수 있음에서 더욱 그러하다는 것이다.

여성들이 어머니로의 '성전이'를 허용하면 새 생명을 품어 열 달 동안을 사랑으로 키워낼 것으로 본다. 인격의 부여 시점을 '아버지 날 낳으시고'로 본다면 그때부터 의식이 있는 생명체로 인정한다는 것이 될 수 있고, 그것은 그때부터 어머니의 '사랑'을 온몸으로 느껴서 그 모성사랑을 '초의식'으로 자기화했을 것으로 보기 때문이다. 이렇게 생명은 어머니를 통해 '사랑'으로 인식되어져 모든 인식의 바탕에, 크고 선명하게 모성사랑이 새겨져서 모두에게 초의식화 된 것이 '인류애'의 본질일 수 있을 것이다.

이렇게 태아초의식은 모성이 품어낸 사랑에 의해서 '초의식'으로 인식되고, 그것은 모성사랑에 의해서 생겨난 의식이기 때문에 '모성초의식'으로도 볼 수 있을 것이다. 모성의식은 '사랑'일 수밖에 없는 것이기 때문에 모성초의식이 태아의식으로 전이된 것이 태아초의식으로 회귀되는 것이다. 그렇다면 사랑의 본질은 모성에서 유래된 태아초의식으로 세상에 영향하게 될 것이고, 모두가 원하는 행복은 어디서 왔는지가 궁금할 수 있을 것으로 본다.

모성의 품 안에서 새 생명으로 세상에 나오게 되면 필요한 때 먹을 것을 주고, 쉬고 싶을 때 품어서 행복함을 주고, 그 품에서 잠들게 하는 영아로서의 '초의식'은 모성사랑에서 받은 '행복'일 것이다. 이때부터는 모성사랑은 어머니의 행적으로 '타자화'되고 영아의 입장에서는 자신의 감정으로 의식되는 아늑함을 '행복'으로 초의식화 될 것이다. 이때의 모성은 절대강자로 인식될 수밖에 없어 한없이 약한 자신에게, 강한 자가 약한 자에 베푸는 자비로움으로 의식되어 지는 것이 '행복'일 수도 있을 것이다.

태아초의식은 '타자동체'의 인식으로 조건 없는 '사랑'으로 인식되어 바탕화될 수밖에 없을 것이고, 영아초의식은 '타자이체'의 인식으로 받아들이는 '행복'함은 자신만을 위한 요구에 대한 배려로 의식되어, 이기적 욕구의 충족으로 받아들여야 할 것이다.

▮ 무한 연대 보증

생명체가 살아있기 위해서 하는 모든 행동은 자신이 살아가기 위한 최소한의 욕구에서 시작되는 생명본능일 수 있다. 이러한 생명본능은 누구도 제한할 수 없는 생명에게 주어진 기본권일 수 있다. 그래서 그러한 행동을 하나로 묶어서 외부에서도 영향할 수 없지만, 스스로도 살고자 하는 욕망을 다스릴 수 없는 본질적 강요로 본다면, 그러한 것을 1차적 강요라고 할 수 있다.

그것을 제1차 강요라고 하는 것은 생명으로 존재해야 하는 자신도 거부할 수 없는 명령 같은 것으로 보아서 그렇게 불러지게 되는 것이다. 그렇다면 강요라는 형식 앞에 1차라는 수식이 붙은 것으로 보면 2차 강요가 있다는 것일 수 있다.

2차 강요라고 불러지는 형식은 생명체가 혼자 살아갈 수 없을 때, 누구의 도움을 받아야 하고 그러한 도움을 받기 위해서 먼저 해야 할 조건 같은 것으로, 서로가 도움을 주고 도움을 받을 수 있도록 합의한 어떤 계약관계 같은 것으로도 볼 수 있을 것이다. 일반적으로 2차 강요라고 하면 모두가 지켜야 하고 지킬 수밖에 없는 사회규범으로서 법령과 도덕 또는 윤리 같은 것일 수 있다.

모두가 함께 살아가야 하는 공동체의 합리적 유지를 위해, 개인에게 지켜질 것을 요구하고 그렇지 못했을 경우 벌칙 같은 것이 가해질 수 있는, 강제성을 띄었기 때문이어서 '강요'라고 하는 것이다. 그리고 그것이 생명으로서 존재되고 난후에 가해지는 형식을 띄고 있어, 두 번째라고 하는 제2차 강요라고 이름 하게 되는 것이다.

혼자 살아가는 경우는 1차 강요만을 요구할 수 있을 것으로 보는데, 둘 이상이 함께하는 것이 서로에게 도움이 될 수 있기 때문에 2차적으로 선택되고 동의됨으로 주어진, 강제적 행동형식의 요구로 볼 수 있다. 그렇다면 1차 강요는 '생명본능'으로 보는 것이 합리성이 있을 것이고, 2차 강요는 언제 어떤 형식으로 만들어지고 그것을 지키려고 어떤 담보가 제공되었는지가 궁금해질 수 있을 것이다.

그것은 자녀들의 생명지속을 위해 필요하다고 합의해서 그것을 지키기로 부모들이 '연대보증'을 하고, 만일 그것을 이행할 수 없었을 경우 합당한 '처분'을 따른다는 부모들의 합의백서나 또는 규약으로 보면 별 무리가 없을 것으로 보는 것이다. 그렇다면 왜 부모들은 그러한 불리할 수 있는 조건에 연대해서 지킬 것을 약속했을까 하는 걱정이 있을 수 있을 것이다.

그것은 사회라는 공동체에 자식들이 '인질'화되어 있어 전란이나 자연재해가 발생하고, 부모들이 그 전쟁이나 재난에 희생되었을 경우에 그들의 미성년 자녀들의 안전한 보살핌을 약속하는 형식이었기 때문에, 그것을 따르는 것은 부모로서는 피할 수 없는 책임과 의무 같은 것이었을 수 있다. 그래서 그러한 규범을 실행할 것을 부모들이 '연대'해서 '보증'한다는 의미를 가지고 있고, 그것이 앞에서 설명하는 2차적 강요일 수 있을 것이다.

그래서 2차 강요는 사뭇 부담스러울 수 있는 것들도 상당히 포함될 수밖에 없고 또 그것을 지켜내기가 어떤 때는 힘에 겨울 수도 있을 것이다. 그러나 어머니가 사랑으로 생명을 몸 안에 품어서 키워냈듯이 성장과정에서도 그러한 사랑을 베풀고 있다고 볼 수도 있을 것이다.

이러한 봉사적 희생을 가능하게 하는 것도 '사랑'일 것이고 그러한 사랑을 모두에게 요구하고 모두가 그러한 헌신을 하기 때문에, 그것이 인류를 있게 하는 '사랑'이라고 보아서 '인류애'라고 하는 것으로 보면 될 것이다.

[표7] 사회지속의 존재방식과 보증형태

구 분	보증주체	보증 혜택	추구 가치	인과 바탕	연결 고리	비 고	도입 시기
절대보증	하늘과 신	인 간	진 리	창조론	영 혼	절대적 힘의 통제	인류세
연대보증	모든 부모	자 녀	순 리	진화론	마 음	합의로 통제	인문사

우리가 종전까지는 사람들이 살아가는 사회라는 세상이 하늘이나 신의 절대적 '진리'에 의해 보장되는 것으로 알고 있었는데, 과학적 기초가 정립되고 인간 스스로도 '자아'가 형성되면서 스스로의 통제력으로, 사회를 유지할 수 있다고 하는 가능성이 찾아진 것으로 보면 될 것이라고 생각된다.

그것은 2019년 말에 발생한 코비드-19(COVID-19)라는 코로나 바이러스의 침공에서 사회를 지켜내는 과정이 그러한 것 같아서 그렇게 보게 되는 것이다. 그것은 지구상의 어떤 지역에 있든지 또는 어떤 피부색의 어떤 종교와 철학을 신봉하는지를 초월해서, 모두가 똑같은 시련으로 받아들여졌기 때문으로 볼 수 있다.

만일 하늘과 신의 '절대력'이 있었다면 그것을 신봉한 부족이나 사람들에게서는 어떤 '다름'으로 표현이 있어야 했는데, 그러하지 않은 것으로 보여 절대적 '진리'가 훼손되는 것으로 보여지는 것이다.

▍성전이(性轉移)의 소양적 이해

모두가 '성전이'를 이해해서 소양화하려면 성전이가 무엇인지 알아야 가능할 것으로 본다. 그렇다면 '성(性)'이라는 말의 뜻부터 바로 알고 있을 필요가 있다고 본다.

'성'이라는 말이나 문자의 표현은 한자에서 오는 문자적 의미를 소리나는 대로 읽었다고 봐야 할 것이고, 그렇다면 성(性) 자는 한자의 마음 심(心) 자와 날 생(生) 자가 합하여 만들어진 뜻글임을 이해하면 쉽게 받아들여질 것으로 본다. 즉 성(性)이라는 표현의 뜻은 '마음이 생겼다'로 보면 별 무리가 없을 것으로 보고, 그러면 어떤 마음이 어떻게 생겼느냐로 생각이 바뀌어 갈 것으로 본다.

보통의 성(性)을 표현하는 용어는 본성(本性), 천성(天性), 인성(人性) 같은 것이 있고, 더 가까이 자주 쓰이는 용어는 남성(男性), 여성(女性)으로 구분될 수 있을 것이다. 결국, 본성은 '본래의 마음이 생겼다'로 그리고 천성은 '하늘의 마음이 생겼다' 또는 인성은 '사람의 마음이 생겼다'로 보면 보편적으로 이해할 수 있을 것이다. 그리고 남성은 '남자의 마음이 생겼다'로 여성은 '여자의 마음이 생겼다'로 보는 것이 일반적 해석으로 볼 수 있다.

그렇다면 이러한 각각의 성(性)에서 전이(轉移)가 생겼다는 것이 되는데, 무슨 성(性)에서 무슨 성(性)으로 옮겨져 간 것일까를 살펴보면 '성전이'(性轉移)를 이해하고 일반화할 수 있을 것으로 본다. 우리는 성 소수자로 표현되는 이들을 두 가지 성(性), 즉 남성 또는 여성에서, 다른 성(性)으로 완전히 바꾸어진 경우를 흔히 말할 수 있을 것으로 보는데, 그것은 여성에서 남성으로의 외형적 변화와 그 반대의 경우도 포함되는 것으로 알고 있을 수 있다.

그러나 그렇지 않고 외형은 그대로 유지하면서 행동하고 싶은 마음만 바뀐 것도 있을 것으로 보는 것이다. 예를 들어 외형적으로는 남자의 형상을 하고 있으나 행동하고 싶은 성향은 여자를 닮았다면, 남자의 외형으로 여자의 행동을 하면서 살고 싶은 것을 뜻하는 것이다. 이러한 것은 외형적 변화든 심리적 변화든 본래의 성장과정에서 구분되었던 성(性)에서, 다른 것으로 변경된 것을 뜻할 수 있어 이것은 '성전이'가 아니고 '성변이'로 볼 수 있을 것이다.

그러나 '성전이'는 여성에서 모성으로의 변화 같은 것을 뜻하고, 변이가 아니기 때문에 다시 본래의 성으로 복귀할 수 있음을 포함하고 있다고 보면 될 것이다. 그리고 이기적인 '생명의 성'에서 이타적인 '사랑의 성'으로 바뀐 것도 성전이로 볼 수 있고, 그것도 경우에 따라서 종전의 성(性)으로 회복될 수 있기 때문으로 구분될 수 있을 것이다. 이것은 이기적인 '속세의 성'에서 이타적인 '종교의 성'으로 바뀐 승려나 신부 같은 사제들의 삶의 속성이 변화된 경우도 포함될 수 있을 것이다. 그리고 사제의 신분은 필요에 의해 다시 본래의 생활 성(性)으로 전환이 가능하기 때문에 그것도 '성전이'의 범주로 볼 수는 있을 것이다.

여기서 설명하고자 하는 '성전이'는 여성에서 모성으로 전이되는 '생명의 성'에서 '사랑의 성'으로의 전환을 뜻한다고 보면 될 것이다. 여성에서 모성으로 그리고 모성에서 여성으로는 너무도 보편적으로 일어나는 변화여서 누구나 알고 있을 필요에 의해 '소양화'가 요구된다는 것이다. 우리가 일반인에서 사제의 신분으로 바뀌는 '성전이'는 존경을 넘어 공경까지 해주고 있고, 최근 들어 대부분의 국가에서 성 소수자들의 '제3의 성'으로 변이를 허용하고, 그것을 기본권 차원에서 접근하려는 변화는 행복추구권적 차원의 필요가 인정된다고 볼 수 있을 것이다.

그러나 사회지속의 필수적 헌신으로 볼 수 있는 여성에서 모성으로의 전환과 새 생명을 사랑으로 품어 인류의 '초의식'에 사랑을 심어준 모성전이를, 보편적 교양으로 존중해 주자는 것이 '성전이'의 '소양'적 이해라고 보는 것이다. 모든 변화는 불안을 동반할 수 있어 그러한 것에 대한 배려일 수도 있지만, 여성에서 모성으로 그리고 모성에서 여성으로 반복전이의 혼란은 정서적, 신체적, 신분적 변화도 함께하고 있기 때문에, 중복 스트레스에 의한 '부작용'이 상당할 것으로 보는 상호 격려와 이해도의 공감으로 볼 수 있음에서이다.

이러한 혼란은 여성들이 변화에 대한 감수성이 높을 수 있어서 견디어 내는 것이지, 그것이 당연하고 쉬워서 그러한 것이 아니라는 것은 모두가 알고 있을 것으로 보는 때문도 있다. 우리는 지금까지 이러한 '성전이'에 대한 이해도 부족에 의해서 '소양화'를 무시해 온 것으로 볼 수 있을 것이고, 그러한 것의 후유증으로 '인구절벽'이라는 사회불안을 야기시킨 것으로 보면, 아직은 선진교양 시민으로의 변화에 준비가 부족했던 것으로 볼 수 있을 것이다.

이러한 현상을 여성들이 힘의 약자여서 겪어야 하는 수난 같은 것으로 본다면, 문화를 논할 수 없는 원시질서로 돌아가는 것일 수 있을 것이다. 성전이의 '소양'화로 힘 있는 남자들이 '배려'하게 되면 모성은 풍성해질 수 있을 것이고, 그것은 사회를 풍요롭게 할 수 있을 것으로 본다. 그것은 어머니가 행복하지 않은 사회가 행복할 수 없는 결과를 가져올 것이기 때문에, 우리 사회가 앉고 있는 많은 어려움들을 어머니의 사랑으로 품어낼 수 있는 용기를 기대하는 바도 있는 것이다.

그 사회의 '행복지수'는 어머니들의 행복지수와 '연동'됨을 이해되기 바라는 것이다.

▎ 초의식의 각성

우리가 세상을 살아가면서 많은 것에 용기를 내기도 하지만 또한 많은 것에서 좌절되기도 한다. 무엇을 하기 위해 용기를 내고 힘을 집중하는 것도 매우 중요하지만 모든 것이 다 무너져 내려 앞이 잘 보이지 않을 때, 무엇을 하고자 용기를 내는 것은 모두가 쉽지 않은 경험이었을 수 있을 것이다.

이렇게 모든 것이 무너져 내려 무엇을 하려고 하면 할 수 있는 것이 아무것도 없을 때도, 살아남아야 하기 때문에 마지막 의지와 용기로 스스로 '옳다'고 생각하는 것을 할 수밖에 없을 것이다. 그러나 이러한 용기와 의지를 아무도 믿어주지 않고 모두가 불가능하다고 아무도 봐주지 않을 때는, 참으로 모든 것을 포기하고 삶을 놓아버리고도 싶어질 수 있는 것이다.

그러한 진퇴양난에 빠져서 모두가 불가능하다고 손잡아주는 것을 포기해 버린 상태에서도, 누군가 한 사람이라도 그러한 의지와 용기에 가능하다고 다독여주는 이가 있으면 아무리 힘든 고비라도 헤쳐 나올 수 있는 힘이 생길 수 있을 것이다. 그렇게 할 수 있는 그 힘의 바탕인 그 한 사람의 뿌리가 모성에서 유래되었을 수 있다.

그것은 그가 생명으로 시작되어 '자기'로 형성되어가는 과정에 사랑으로 다독여 손잡아 준 사람이 어머니였기 때문일 수 있다. 그리고 그 한 사람의 보살핌에 의해 '나'로 성장되었고, 세상을 마주할 수 있었던 것을 스스로 느끼고 알 수 있어졌기 때문일 수 있다. 누구나 처음은 혼자일 수밖에 없기 때문에 시작과 마지막도 혼자일 수 있는 것이고, 그것을 사랑으로 품은 이가 어머니 그 한 사람이었기에 그것이 가능할 수 있다고 보는 것이다.

그렇다면 '초의식'은 그가 살아갈 수 있는 힘과 용기일 수도 있고 자신을 사랑으로 품을 수 있는 '자기애'일 수도 있을 것이나 그것의 뿌리가 '모성'이었다는 것을 알아차려 가는 과정도 '초의식'의 각성으로 볼 수 있다. 이렇게 '초의식'은 외롭고 고독하게 그 사람의 본질로 마음의 근원으로 형성되었고, 그가 살아있는 생명의 '불씨'로도 볼 수 있을 것이다.

그것은 '태아'의 상태에서 느끼는 모성사랑은 너무도 커서 비교될 수 없는 '무형'의 것이지만, 느낌으로 '온몸'에 새겨지듯 스며든 것이어서 무엇과도 비교될 수 없는 상황에서 형성되는 때문으로 볼 수 있다. 이렇게 비교 대상이 없어 '느낌'으로 기억되는 것은 절대화되고 주관화되어

'감성'으로 남아있게 되는 것이다. 그러나 비교 대상이 있는 것은 어느 것이 옳음인가 또는 더 크고 작은가가 가려질 수 있어서, '앎'으로 기억되므로 그것은 '지성'으로 남아있게 되는 것이다.

이런 것처럼 '태아초의식'은 느낌으로 자기화되어 절대화가 가능할 수 있으나 세상에 태어나서 비교 대상이 있어질 경우 그것은 느낌이 아니고 행적이 될 수 있어, '앎'이 되는 것이고 그것은 '지성'이라고 할 수 있게 된다. 그렇다면 '태아초의식'은 모성사랑에서 왔기 때문에 모성에서 온 초의식이라 해서 '모성초의식'으로 볼 수 있을 것이다.

그러나 '타자동체'였던 태아 상태에서 '타자이체'인 영아로 출생을 하면 모든 것은 비교가 가능해질 수 있어, 자신을 가장 잘 보듬어 주는 이가 '모성'이라는 것을 알 수 있고, 그보다 못한 이를 '가족'으로 분별하는 비교가 가능해질 수 있게 되는 것이다. 그것이 곧 '앎'이 되는 것이고 확실한 행적으로 비교되어 머릿속에 정리되는 것은 설명이 가능하므로 '지적' 정보가 되는 것이다.

그렇다면 '영아초의식'으로 느끼고 알게 되는 것은 어떤 것이 있을까? 그것은 역시 모성사랑을 베풀어주는 '어머니'와 그 사랑을 받고 있는 '자신'으로 구분될 수 있어져서, 어머니의 행적으로는 '사랑'이지만 자신의 '앎'으로 기억되는 것은 '행복'일 수 있어지는 것이다.

그래서 모든 사람은 '사랑'을 받고 싶어 하고 '행복'을 느끼고 싶어지는 것이다. 그것이 태아초의식과 영아초의식으로 새겨지고 생명 바탕의 사랑과 행복이 되고, 모든 인류가 갈망하는 어머니의 품 안 같은 것이 되어, 언제나 기억되고 그리워하는 '인류애'이고 '성선설'의 토대가 되는 것이다.

결국, 초의식의 '각성'은 모두를 사랑할 수 있는 너그러운 마음의 '바탕'이 어머니에서 왔다는 것을 기억하는 것이며, 태어나서 절대적 약자인 자신을 사랑이라는 큰 베풂을 주신 것을 힘 있는 사람이 약한 사람을 배려하는 것으로 보아, 그것을 '자비'라고 기억하게 되는 것이 또한 초의식의 '각성'일 것이다.

태아의 상태에서는 어머니가 비교될 수 없는 너무도 큰 분의 '사랑'으로, 영아의 입장에서는 가장 가까이에서 모든 것을 베푸는 분의 '자비'로 받아들여져서, 힘 있고 위대하거나 많은 것을 가지고 있는 능력자는 '사랑'을 나누어 주거나 '자비'를 베푸는 사람으로 기억할 수 있어, 힘없고 약한 자를 보살펴야 한다는 것도 초의식의 '각성'으로 볼 수 있어지는 것이다.

초의식의 '각성'은 사랑과 자비를 베풀 수 있는 '모성사랑'을 되새겨 보는 스스로의 '성찰'을 요구하는 것으로 봐도 될 것이다.

지속하려면 버려라

　　사람들이 살아가는 데 가장 중요한 삶의 가치를 사랑과 행복으로 볼 수 있을 것이다. 그것은 사랑이 없으면 세상이 이어지지 않을 수 있다는 절대적 공포일 수도 있을 것이고, 행복이 없다면 왜 살아가는 지가 허무해질 수 있어서 일 것이다. 이러한 사랑과 행복도 '초의식'으로 각성되어 우리의 바탕정서가 되고 판단과 기준의 토대가 되는 것도, 결국은 모성으로 물려받은 인식 같은 것으로 이미 있었던 것의 '흔적'일 수 있을 것이다.

　　모성사랑과 모성행복이라는 '선행적' 과정이 없었다면 인류애와 성선설의 근원을 설명할 수 없을 수 있어서 그러하다는 것이다. 이렇게 살아가는 모든 흐름의 뿌리가 이미 있었던 것의 영향으로 오늘을 살아가는 것처럼, 우리들 '마음'도 이미 있었던 것의 '흔적'으로 우리들에게 남겨진 '유산'일 수 있다는 것이다.

그것은 하늘에서 오거나 신에게서 부여된 것이 아니고, 사람들이 살아가는 과정에서 생긴 모든 행동의 결과들이 옳은 것이었다는 것을 증명하고 싶은, 생명체의 존재 본질에서 유래된 것으로 보여지는 것이다. 그것은 '마음'이라는 무형의 '의식'이 생명체가 살아있기 위해 늘 하던 행동의 습관적 '하고픔'이 나타나는 현상에서 '작용'하는 정서적 기능으로 대표되는 '인식'일 수 있기 때문이다.

그렇다면 그것도 결국은 이미 있었던 것의 '흔적'으로 우리가 오늘을 살아가게 하는 것이지만 모르고 있었던 것으로 볼 수 있어, 우리의 삶 속에 있으나 있어도 모르는 것이 될 수밖에 없는 것일 수 있다고 보는 것이다. 이렇게 우리가 살아가는 데 중요한 근거가 되는 토대이면서도 잘 모르고 있는 것 중에, 양보와 타협 그리고 반성 같은 것도 힘 있는 자들 또는 리더의 중요한 덕목이지만, 그것이 이미 있었던 것의 각성일 수 있을 것으로 본다.

그것은 우리 DNA의 이 분의 일을 '양보'하지 않으면 어떠한 경우에도 자신의 유전자를 남길 수 없다는 것이다. 아무리 훌륭한 개체라 하더라도 자신의 반려자인 짝과의 화합을 거쳐야만, 스스로의 유전자를 남길 수 있고 지속될 수 있는 것이 '생명의 질서'라는 것을 알고 있음을 기억하자는 것이다. 그리고 살아가는 과정에서 모든 행동의 결정을 원천강요와 '타협'함으로 자신의 행적을 남길 수 있어지고, 그것이 자신으로 기억될 수 있어지는 외부에 대한 표현일 수 있어서 그러함도 있는 것이다.

삶에서 자신에게 이득이 될 수 있는 행적을 결정해서 실현했다면 제

1차 원천강요인 '본능'과 타협한 것으로 볼 수 있을 것이고, 그것을 다른 이들이 좋아할 수 있는 이타적 행적으로 실현되었다면 제2차 원천강요인 사회적 '도덕'과 윤리에 타협한 결과로 볼 수 있음에서 그러하다는 것이다. 이렇게 사람은 살아가면서 지속을 위해 '양보'를 함으로 화합할 수 있어지고, 원천강요와 '타협'하므로 자신의 행적을 남길 수 있어지는 것을 의식할 필요가 있다는 것을 '기억'해야 할 것으로 본다.

그리고 최고 포식자가 된 인류로 세상을 살아가면서 어제에 대한 '반성' 없이 오직 내일까지 살아남으려는 절박함 때문에, 지금의 유리함만을 선택했다면 그것은 피포식자의 삶을 따라가는 것으로 봐도 될 수 있어서 그러함이 있는 것이다. 최고 포식자는 내일까지 살 수 있다는 보장이 되어 있는 것이나 마찬가지여서, 오늘의 유리함을 선택하면 어제가 오늘이 되고 오늘이 내일로 될 것은 눈에 보이는 결과여서 그럴 수 있을 것이다.

그것은 결국 언제나 그 자리에 머물 수 있는 행적일 수 있어 어제에 대한 행동의 결과를 살펴서, 내일을 위해 무엇을 고쳐야 하는 가를 돌아보면 오늘이 어제보다 좀 변화될 수 있어지고, 그것이 내일을 보다 바람직한 길로 이끌어질 수 있을 것으로 기대하는 것이 곧 최고포식자의 발전적 행동양식이 될 수 있음에서이다.

그렇다면 최고포식자인 사람은 '양보'를 함으로서 화합할 수 있어지고, 원천강요와 '타협'하므로 자신을 주장할 수 있어질 것이며, '반성'함으로서 발전적 자아성취를 가능하게 하는 것이다. 그것이 최고 포식자로 오는 과정에서 이미 있었던 것의 흔적들이고, 그리고 언제나 있었던 것인데도 있었던 것인지 모르고 지나가는 기억 같은 것일 수도 있고, 누군가의 반성을 따라 해서 최고의 지위를 누리고 있는 것은 아닐까?

이미 누군가 했고 그리고 모두가 알고 있는 흔적이나 기억 같은 것인데, 그것이 최고 지도층의 덕목이 되고 리더의 표상 같은 것이 될 수 있다면 우리는 많은 것을 살펴보는 여유가 필요해질 것으로 보는 것이다.

그리고 우리가 '인구절벽'이라는 사회적 암초에 부딪혔다는 것은 지난날의 의사결정에서 '과오'가 있었다는 것을 보여주는 것으로 볼 수 있어, 사회지도층이나 그러한 의사결정권을 가지고 있었던 남자들의 '반성'이 불가피할 것으로 보는 것도 양보와 타협 그리고 반성에서 얻어질 수 있는 '삶의 지혜'라 볼 수 있을 것이다.

[표8] 인류의 3대 변혁 (버렸기에 지속될 수 있다.)

구 분	1차 변혁	2차 변혁	3차 변혁	비 고
절대 진리론	천동설	창조론	영혼에서	신화기 – 전설 또는 가설
상대 순리론	지동설	진화론	마음으로	인문기 – 사실과 자연탐구

만일 우리가 '천동설'을 주장하고 그것을 절대적 가치로 보아 반성하지 않았다면 어떻게 되었을까? 그랬다면 훌륭한 엘리트 집단을 모두 '화형'에 처했어야 할 것이 되고, 그렇게 되면 '대항해시대'는 올 수 없는 것이 되어 산업혁명은 불가능했을 수 있을 것이다. 이렇게 버리지 않으면 앞으로 갈 수 없듯이 진리라는 것을 순리로 순화시켜 받아들임으로써 '지동설'을 인정할 수 있어졌고, 그것의 바탕으로 기초과학과

자연탐구가 성과로 작용했다고 볼 수 있을 것이다.

이렇게 절대 진리라는 '천동설'을 버리지 않았다면 수많은 인재들을 형장의 이슬로 사라지게 했을 것이고, 그것은 결국 모든 것을 사라지게 할 수 있는 충돌로 갔다면 '지속'은 불가능했을 수 있다. 지속을 위해 '순리'를 받아들이고 신화적 논리를 버렸기에 가능할 수 있었다고 볼 수 있다. 그렇다면 확인할 수 없는 영혼을 살펴보는 지혜가 마음으로 받아들여지는 것도 순리일 수 있을 것으로 본다.

▎ 농부의 지혜 음미

우리는 세계 4대 문명의 발상지가 큰 강을 끼고 있는 유역의 넓은 평원지역이라는 것을 모두가 알고 있을 것으로 본다. 큰 강 유역의 넓은 평야지역은 풍부한 물을 이용할 수 있는 혜택과 우기 또는 홍수에 의해 많은 유기질 토양이나 미네랄(mineral)들이 흘러드는 범람과정을 통해, 토양의 비옥도가 높아지는 천혜의 이점이 있는 것을 그들이 이용했을 것으로 보는 것이다.

그렇다면 4대 문명 발상지는 농업경영에 유리한 자연조건을 가지고 있다고 볼 수 있고, 그러한 지역에서 문명이 발생했다면 그 문명의 발생주체가 '농부'들이었을 것으로 추정할 수 있을 것이다. 우리는 흔히 농부라고 하면 자연과학이나 지성적 인식이 낮은 사람들로, 땅을 떠나면 살아갈 수 없을 것으로 생각하는 답답한 사람으로 알고 있었을 수 있을 것이다.

그런데 어떻게 그들에 의해서 인류의 문명이 시작되었을 수 있을까? 의문이 생겼을 수 있을 것으로 본다. 그렇다면 왜 농부들에 의해 인류의 문화와 문명이 시작될 수 있었는지와 그들이 가지고 있는 생각의 바탕에 무엇이 작용하고 있었기에 그것을 가능하게 했을까 살펴볼 수 있는 기회가 제공된 것으로 볼 수 있게 되는 것이다.

우선 농부에서 배울 수 있는 것은 생명과의 공존으로 볼 수 있을 것이다. 농업은 농작물이라는 식물을 키워내고 거기서 수확한 곡물을 활용하여 사람들이 살아가는 양식을 공급할 수 있어지고, 풍부한 물과 비옥한 토양은 많은 수확을 할 수 있게 해서 더 많은 사람들이 살아갈 수 있는 환경을 제공했다고 볼 수 있음에서 그러하다는 것이다. 소수의 농부들에 의해 많은 사람들의 식량을 공급할 수 있어지면서, 여유로운 사람들이 새로운 생각과 새로운 문물을 만들어 낼 수 있는 토대가 제공되는 것이, 문화와 문명으로 우리들 앞에 나타났다고 보면 될 것이다.

그렇다면 새로운 생각과 문물들도 농부의 기본적 생각을 바탕으로 발전했다고 볼 수 있을 것이다. 그것은 삶에서 가장 중요한 식량을 공급하는 이들의 '의식'을 무시하고 그들이 존재할 수 없었을 것으로 보는 때문에서 그러한 것이다. 우리가 알고 있는 기본적인 농부들 생각의 바탕은 적절한 나눔이 뿌리하고 있는 것으로 볼 수 있고, 그러한 의식의 근거로 씨앗을 심을 때 '세 알'을 심어 하나는 날짐승의 몫으로 또 하나는 들짐승의 몫으로 양해하고, 나머지 하나를 자신의 것으로 보려는 넉넉함에서 그러함을 엿볼 수 있어서 그러하다는 것이다.

그리고 농부는 식물과 교감할 수 있는 생명과 자연의 존중에서 오는 그들의 바탕 정서가, 자연친화적이고 생명존중의 모두를 품을 수 있는 따뜻하고 넉넉한 가슴을 가진 것을 또한 엿볼 수 있어서 그러하다는 것이다. 우리는 농촌에서 흔히들 이야기하는 "곡식은 농부의 발자국 소리를 듣고 자란다."라는 속설 같은 것에서도 그러함이 있는 것으로 볼 수 있음에서일 것이다.

이러한 것은 농부가 식물과 교감할 수 있는 풍요로운 감성을 가지고 있다고 봐야 할 것이어서, 그들의 '지적세계'가 보통의 사람들이 알 수 없는 높은 수준의 인문적 가치를 담고 있다고 보는 것을 합리적이라 할 수 있어, 농부의 지혜를 음미해 볼 필요가 있는 것이다. 그리고 중요한 하나는 하늘과 '협업'할 수 있는 지혜로움과 지구관성에 '순응'할 수 있는 여유로움도 함께하는 것으로 볼 수 있어, 현대 우리 사회가 필요로 하는 타자의 존중 및 자아의 형성 과정도 순조롭게 실현하고 있다고 보는 데서 더욱 그러함을 주장할 수 있을 것이다.

농부가 논밭에서 홀로 일할 수는 있을 것이지만 날짐승과 들짐승을 배려할 수 있는 넉넉함이 있고, 식물과 교감할 수 있는 풍부한 감성을 품고 있으며, 생명과 자연을 존중할 수 있는 자비로움과 타자를 배려하는 양보의 미덕도 가지고 있는 것을 알 수 있어서 그러한 것이다. 그리고 자신의 주장만을 내세우지 않고 하늘의 순리를 따르려는 노력이, 비 올 때와 가물 때를 가려서 농작물을 돌볼 수 있는 시간과 생명의 성장 그리고 거둠의 지혜를 상식화했다는 것에서도 그러함이 있고, 계

절이 바뀌는 지구관성의 영향도 탓하지 않고 받아들일 수 있는 자기성
숙함도 충분한 것으로 보여져서 그렇다는 것이다.

결국, 농부는 혼자서 넓은 들판의 외로움을 인품으로 논할 수 있는
자기성장의 계기로 활용하는 슬기를 발휘했다고 볼 수 있고, 하늘과
지구관성을 타자의 주장으로 보아 그들을 존중할 수 있는, 홀로지만
늘 타자와 교류하고 대화하고 양해할 수 있는 환경을 자연과 생명이라
는 그릇에 담아, 나로 받아들이려 한 수행의 과정일 수도 있음에서 더
욱 그러할 수 있는 것이다.

그것은 '너 자신을 보라'는 그리스 철학을 몸소 실천하는 것이 될 수
도 있고, 사랑과 자비를 베풀라는 종교적 수행을 함께하는 것으로 볼
수도 있어, 르네상스 시대의 화두였던 '자아'의 확립에도 부족함이 없
을 것으로 보는 데서, 문화와 문명이라는 인문적 사고의 가운데서 늘
함께하는 것은 아닐까? 음미해 보기를 바라는 것에서이다. 그래서 농
부들을 법이 없어도 살 수 있는 사람들로 칭송되고 있는지 모른다.

아무리 도덕과 윤리를 법으로 처벌해도 개선되지 않는 사회라면 높
은 교육수준이 무슨 소용이 있을 것이며, 그러한 사회가 행복할 수 없
을 것에서 농부의 지혜를 닮고 싶음이 곧 우리를 다시 보는 것일 수 있
다. 그리고 그들은 쏟은 열정만큼을 거두기 바라는 과욕이 금물이라
는 것도 알고 있는 것으로 보여서 그렇고, 그들은 절대적 무엇보다는
늘 함께하는 자연과 생명의 순리를 존중하는 가장 보편적 민주의식을
품고 있는 것으로도 볼 수 있어서, 문명의 바탕인 인문을 그들이 가장
잘 깨우치고 있는 것은 아닐까 한다.

▎육아는 사회가, 교육은 국가가

　지구역사에서 가장 중요한 변화의 큰 획을 그은 일은 신대륙의 발견으로 볼 수 있을 것이다. 이것은 지구가 둥글다는 전제를 가지고 있는 것으로 볼 수 있고 그리고 '지동설'을 받아들였다고 볼 수 있는 큰 변화를 수용한 것으로 보아서 그러하다는 것이다. 만일 천동설을 주장해서 그들을 '화형'에 처했다면 어떤 일이 일어났을까 하는 것에서 양보와 타협이 있었다고 볼 수 있을 것이다. 갈릴레이(Galilei)나 코페르니쿠스(Copernicus)의 이론을 받아들이는 '양보와 타협'이 콜럼버스와 그를 후원한 스페인 왕실을 존재할 수 있게 한 것은 아닐까? 우려해 보는 것이다.

　만일 이러한 양보와 타협이 없었다면 19세기 '다윈'의 진화론이 어떻게 되었을지도 자못 궁금해져서 그러한 것이다. 지동설을 양보하지 않았다면 진화론의 '다윈'은 화형을 면할 수 없었을 것으로 보기 때문이다. 결국, 신대륙 발견 350여 년 후 새로운 변화를 주장한 '진화론'은 절대 양보할 수 없는 신화의 '근본 교리'였을 수 있음에서 더욱 그러하다고 보는 것이다.

　지동설을 받아들이는 양보와 타협이 수세기를 흐르면서 신화적 절대성만을 주장할 수 없다는 '반성'의 결과가 '다윈'을 살려두었을 것으로 보는 것이다. 이렇게 아무리 절대성을 갖는 진리라 하더라도 '순리'와 타협하고 양보할 수 있는 스스로의 '반성'이 있을 때, 진정한 변화로 갈 수 있다는 것을 증명할 수 있어지는 것이다.

우리는 사회의 지속이 여성들의 모성으로의 전이에서 가능하다는 것을 받아들이는 '양보'와 '타협'이 필요힐 수 있어서 그러한 것이다. 만일 여성들의 '성전이'에 따른 혼란과 두려움 그리고 그들이 겪어야 하는 사회적 어려움을 이해하고 받아들일 수 있는 양해가 있을 수 있다면, 그것이 '인구절벽'을 유도한 과오에 대한 '반성'으로 볼 수 있어서 그러한 것이다. 종교적 절대성의 '신화'도 타협하고 양보했는데 그까짓 모성으로의 '성전이'를 수용하고 지난 시절의 남녀차별을 반성할 수 있는 '용기'는, 사람들이 살아가는 '순리'를 인정하는 것이기 때문에 특별한 어려움이 없을 것으로 보아서 남자들의 발전적 '자기변화'로 받아들였으면 어떨까 하는 것이다.

그것은 여성들의 '성전이'에 따른 혼란을 인문적 상식의 '소양'으로 받아들여주는 양보와 그들이 사회를 지속할 수 있는 '헌신과 기여'를 하고 있다는 역할을 타협하므로, 우리 사회의 큰 화두인 '인구절벽'을 해소할 수 있는 지난날의 과오를 반성하자는 것이다. 그렇다면 우리 사회의 가치에 상당한 '변화'가 이루어질 수 있을 것으로 기대되는 것도 모두의 희망사항이 될 수 있을 것이다.

지금까지는 가족을 줄여 '돈'을 추구했다면 이제부터라도 가족의 중요성을 다시 되새겨보는 가치의 '변화'를 모두에게 요구하는 것일 수 있을 것이다. 이렇게 돈으로의 끝없는 욕구를 '절제'해서 제어할 수 있어진다면, 우리는 진정한 선진국의 반열에 들어설 수 있을 것으로 보는 것에 희망적일 수 있어서 그렇다.

그리고 돈이 가져다주는 행복은 그들이 어떤 '문화'를 가지고 있느냐에 따라서 많은 차별이 있을 것으로 보아서, 더욱 돋보일 수 있는 기회로 기능할 수 있음도 살폈으면 하는 것이다. 행복은 조금 낮추어도 자기만족을 조금 끌어올리면 마음속에서 형성되는 변화를 받아들이는 아량으로 충분히 수용할 수 있을 것으로 보아서 시도해 볼 것을 기도해 본다.

우리가 이렇게 사회적 가치변화를 받아들이고 발전적 반성과 타협을 한다면 사회지속의 기여적 헌신과 희생을 여성들의 '공로'로 인정할 수 있어질 것으로 보는 양보가 실현되었다고 볼 수 있어서 그러한 것이다. 이렇게 지속의 기여와 '성전이'를 품을 수 있는 용기를 수용했다면 그들의 '공'을 기리기 위해 무엇을 해야 하고 할 수 있을까를 고민해 봐야 할 것으로 본다.

우리 사회가 지속이 가능할 수 있고 발전적 변화도 수용할 자세가 되어있다면 기초적 젖먹이 육아가 끝나면 사회가 '소아기' 육아를 보장해 줄 필요가 있을 것으로 보고, 그들이 성장하는 과정에서 필요한 교육은 국가가 부담해 주는 것이 합리적이라고 보는 것이다. 그것은 여성들의 모성으로 전이가 회피되면 사회는 단절될 수도 있어질 것이어서, 사회지속을 위해 최소한의 육아는 사회라는 '유기체'가 스스로 감당할 수 있기를 바라는 것이다. 그리고 국가의 부흥과 발전을 바란다면 국민의 교육수준이 그것을 가능하게 할 수 있어질 것으로 보아서, 교육의 수확물을 국가적 '소유'로 볼 수 있음에서 그러하다는 것이다.

그리고 우리의 '사교육비'가 넘쳐나는 수준이어서 그것을 잘 활용하면 국가적 목적의 교육이 가능할 것으로 보는 것이고, 똑같은 재원을 가지고 합리적으로 잘 활용하는 것도 국가의 존재 목적으로 보아서 그러하다는 것이다. 이렇게 우리들의 권력기관인 국가나 사회가 솔선할 수 있어지고, 주요 의사결정권을 가진 남자들이 여성들의 역할을 인정한다면, 사회 가치관과 정책적 변화는 충분할 수 있다는 가능성에서 기대해 보는 것이다.

사회라는 유기체가 그들의 '역할'을 제대로 할 수 없고 국가라는 권력기관이 그들의 '기능'을 제대로 할 수 없다면, 사회와 국가를 이끌어가고 의사결정권을 가지고 있는 남자들의 자존적 '용기'를 기대해 보는 것이다. 그것은 인구의 절반인 그들의 반려자를 위해 최소한의 양보를 바라는 것일 수 있고, 그들의 반려자가 불편함을 느끼면 그것이 그들에게로 되갚음 되는 것에서도 그것을 이해할 수 있을 것으로 본다.

그녀들이 불편해지면 나의 분신인 자녀들이 불안할 수도 있어질 것이고, 그것이 국가나 사회로 확장될 수 있음을 고려하자는 것이다.

▌진화에서 배우는 것

우리가 진화에서 배우는 것은 생명으로 살아있어야 유전자를 남길 수 있고, 그들 유전자는 자연환경에 적응해서 살아남으려는 기능에 가장 유리할 수 있는 방향으로 조금씩 변이될 것으로 보는 것이다. 그것은 우선적으로 환경에 적응하면서 살아남기 위한 변이가 진화의 1차적 가능성이고, 그다음은 적응해서 변이된 유전자를 지속시키는 것이

2차적 요구 조건일 수 있을 것이다.

환경에 적응한 유익한 유전자를 지속시킬 수 없다면, 적응을 위한 노력의 결과물인 변이가 소용성이 없어질 수 있어 주목할 필요가 있다는 것이다. 즉 유전자의 지속은 양성의 화합에서 가능해질 수 있고, 양성이 화합하려면 자신의 유전자나 능력이 아무리 빼어나더라도 화합을 위한 반려의 유전자를 반씩은 받아들여야 하고, 반씩을 양보할 수 있을 때만 화합이 이루어진다는 것이다.

그것은 지속되고 존재하려면 자신의 것을 반은 양보할 수 있을 때 지속되고 자신의 유전자가 살아남을 수 있다는 것이, 불문율이라는 것을 진화에서 배우는 최고의 가치로 보면 될 것으로 본다. 그렇다면 우리는 나도 모르는 사이에 아니면 어떠한 경우라도 내 것의 반을 양보했다는 결과에 도달하는 것이 지속이고, 내 것의 반을 양보했기 때문에 화합할 수 있다는 선행조건이 실현된 것으로 보는 것이 또한 진화와 지속이라는 생명의 가능성일 것이다.

그것은 내가 양보한 적도 없는 것 같고, 양보했다고 느껴질 수도 없는 상태에서 이미 양보되어져 버린 상황을 화합으로 보라는 것이, '진화의 섭리'라는 것을 깨우칠 수 있기 바라는 것이다. 그렇다면 우리는 '인구절벽'이라는 숙명적 과제를 맞으면서, 무엇을 배우고 무엇을 해야 할까를 생각해 보자는 것이다. 결국, 내 것을 버렸기에 오늘이 있고 지속된다는 것을 받아들여야 하는 현실을 바로 볼 수 있기를 바라는 것이고, 그것을 위해 알량한 자존심이나 힘의 우월함을 버려야 생명의 질서에 수용될 수 있다는 것을 빨리 인정하자는 것이다.

그렇게 되면 그동안 주장해 왔던 남성우월을 양보해야 할 것이고, 힘으로 해결하려 했던 무모함을 부끄러운 줄 알아야 힘의 '오용'에서 벗어날 수 있을 것으로 본다. 우리의 사회와 자신의 유전자를 지속시키고 싶다면 여성들의 어려움을 인문적 '소양'으로 받아들여서, 그들의 '사회지속 헌신'을 인정해 주는 배려가 필요해질 것으로 본다. 그리고 그것이 '인류애'를 실현할 수 있는 지름길이 될 수 있을 것이며, '모성사랑'이 사회 모든 분야로 확산될 수 있는 계기로 작용되면, 양성의 화합 가능성을 실현하는 적극적 표현으로 볼 수 있게 될 것이다.

결국은 먼저 양보할 때 지속을 위한 화합을 이끌어낼 수 있다는 것을 알아가는 것도 진화에서 배우는 지혜일 것이다. 여성들의 모성으로의 '성전이'가 모두를 사랑으로 품을 수 있는 가능성을 열어줄 것이고, 그러함의 결과가 사회는 지속될 수 있어질 것이며 성전이의 두려움과 혼란을 배려하는 것에서, 내가 배려받을 수 있는 길을 열어가는 화합으로의 가능성을 이루어지게 할 것으로 본다.

그러함의 기능이 우리 사회의 많은 문제들을 선순환할 수 있는 기능으로 우리를 이끌 것으로 본다. 그것은 '성전이'가 인문적 '소양'으로 받아들여진다면 모성을 존중할 수 있어질 것이고, 그것이 곧 약자의 표본으로 볼 수 있는 여자들의 아픔을 보듬는 결과로 갈 수 있어 그동안 보이지 않던 사회적 약자들을 보일 수 있게 하는 영향효과로 작용될 수 있을 것이다. 그러한 것의 아우름이 수준 높은 선진정서의 발현이 될 것이고, 그것이 곧 인문적 소양을 높여 모두가 부러워할 수 있는 '문화의 향'으로 온 누리에 즐거움을 선사할 수 있을 것으로 본다.

결과적으로 받아들일 수밖에 없는 것이 '지속하려면 내 것을 버려라'는 것이고, '버리지 않으면 얻을 수 없다'는 불문율을 깨우쳐가는 것이 될 것이다. 양보와 화합에 의해 여성들이 모성으로의 '성전이'를 받아들일 수 있다면, 출산과 육아 과정의 헌신과 기여를 인정해 주고 존중해 줄 수 있을 때 그녀들의 가슴에 아림이 조금씩 줄어들 수 있을 것이고, 그것이 우리 사회를 지속되게 하고 나의 분신들이 행복해질 수 있는 가능성을 높여줄 것으로 보는 것이다.

만일 그녀들이 성전이 과정에서 가슴으로 품은 수없는 쓰림이 있다면 그들의 얼굴에 불편함이 나타날 것이고, 그러한 쓰림과 불편함이 나의 분신인 자녀들의 정서에 불안함으로 가슴 아프게 할 수 있을 것이다.

우리의 자녀들이 불안한 '감성'을 가슴에 묻고 성장한다면 그들이 살아갈 미래의 사회가 행복해질 수 있을까? 우려하게 된다. 모든 사랑의 근원은 모성에서 나오는 것을 깨우친다면 그녀들이 '불편'해지면 아이들이 '불안'해 질 수 있고, 그들의 사회는 '불행'해질 수 있는 가능성을 높여주는 것이 될 것이다.

지속을 위한 '사랑의 성(性)'인 제4의 성을 정립하여 그들의 기여를 인정해 준다면 모두는 행복해 질 수 있을 것이며, 그 사회는 품격 높은 선진문화로 추앙될 수 있을 것이다. 그리고 그들의 성전이 혼란을 수용할 수 있으면 '소양'화된 인문의 가치로 문화를 돋보이게 할 것이다.